**글 사회평론 과학교육연구소**
대학에서 오랫동안 과학을 연구한 전문가들이 모여, 우리 아이들이 쉽고 재미있게 공부할 수 있는 책을 만들고 있습니다.

**글 김지현**
연세대학교 물리학과를 졸업하고, 같은 대학교 교육대학원에서 공통과학교육 석사 학위를 받았습니다. 와이즈만 영재교육연구소에서 아이들을 위한 탐구력, 창의력 교재를 개발하였습니다. 현재는 자유 저술가로 활동하며 아이들이 즐겁게 읽을 수 있는 과학책을 만들고 있습니다.

**글 이명화** (사회평론 과학교육연구소 연구원)
서울대학교 물리교육과를 졸업하고 같은 대학교 대학원에서 석사, 박사 학위를 받았습니다. 10여 년간 중학교에서 과학을 가르쳤으며, 미국 아리조나 주립대에서 물리학으로 박사 학위를 받고 독일, 미국, 영국에서 연구원으로 근무하였습니다. 쉽고 재미있는 과학책을 쓰는 일에 관심을 갖고 있으며, 현재 사회평론 과학교육연구소 연구원으로 과학책을 만들고 있습니다.

**글 김형진** (사회평론 과학교육연구소 연구원)
연세대학교 천문대기과학과를 졸업하고 같은 대학교 대학원에서 석사, 박사 학위를 받았습니다. 과학자를 꿈꾸는 아이들에게 올바른 과학 개념과 과학적 태도를 함께 키울 수 있는 방법을 전달하기 위해 노력하고 있습니다. 현재 사회평론 과학교육연구소 연구원으로 과학책을 만들고 있습니다.

**글 설정민** (사회평론 과학교육연구소 연구원)
서울대학교 생물학과를 졸업하고 같은 대학교 대학원에서 석사 학위를 받은 뒤 박사 과정을 수료하였습니다. 아이에게 과학을 쉽고 재미있게 얘기해 주려 노력하다 보니 어린이를 위한 책을 만드는 일에도 관심을 가지게 되었습니다. 현재 사회평론 과학교육연구소 연구원으로 과학책을 만들고 있습니다.

**글 이현진** (사회평론 과학교육연구소 연구원)
상명대학교에서 생물학과를 졸업하고 열린사이버대학교에서 심리학을 공부했습니다. 서울의대유전체의학연구소에서 연구원으로 있었으며, 와이즈만영재교육연구소와 아이스크림미디어에서 다수의 과학콘텐츠를 개발했습니다.

**그림 김인하**
시각디자인을 전공하고 1999년 월간지에 만화를 연재하며 작품 활동을 시작하였습니다. 《건방진 우리말 달인》, 《똑똑한 어린이 대화법》 등에 그림을 그렸습니다. 이 책을 읽는 어린이들의 밝은 미래를 기원합니다.

**그림 뭉선생**
2004년 LG 동아 국제만화 공모전에 입상하며 작품 활동을 시작했습니다. 그린 책으로 《조지의 우주를 여는 비밀 열쇠》 시리즈, 《용선생 만화 한국사》 시리즈, 《용선생 처음 한국사》 시리즈, 《용선생 처음 세계사》 시리즈 등이 있습니다.

**그림 윤효식**
2002년 《소년 챔프》에 〈신검〉으로 데뷔하여 어린이에게 유익한 학습 만화를 그리고 있습니다. 그린 책으로 《마법천자문 사회원정대》 시리즈, 《용선생 만화 한국사》 시리즈, 《용선생 처음 한국사》 시리즈, 《용선생 처음 세계사》 시리즈 등이 있습니다.

**감수 강남화**
서울대학교 물리교육과를 졸업하고 같은 대학교 대학원에서 석사 학위를 받았습니다. 미국 조지아주립대학교에서 박사 학위를 받았습니다. 미국에서 10년간의 교수 생활 후 현재 한국교원대학교 물리교육과 교수로 재직 중입니다. 2015 개정 교육과정의 고등학교 물리교과서를 함께 저술했으며, 함께 번역한 책으로 《재미있는 물리 여행》, 《드로잉 피직스》가 있습니다.

**캐릭터 이우일**
홍익대학교에서 시각디자인을 공부한 만화가입니다. 그림책 작가인 아내 선현경, 딸 은서, 고양이 카프카와 함께 그림을 그리고 글을 쓰며 살고 있습니다. 지은 책으로 《우일우화》, 《옥수수빵파랑》, 《좋은 여행》, 《고양이 카프카의 고백》 등이 있고, 그린 책으로 《노빈손》 시리즈, 《용선생의 시끌벅적 한국사》 시리즈, 《교양으로 읽는 용선생 세계사》 시리즈 등이 있습니다.

# 용선생의 과학교실

### 시끌벅적

글 사회평론 과학교육연구소·김지현 | 그림 김인하·뭉선생·윤효식 | 감수 강남화 | 캐릭터 이우일

## 우주에서는 왜 소리가 안 들릴까?

사회평론

### 프롤로그

여러분, 안녕? 과학반을 맡은 용선생이야. 내 명성은 익히 들어 봤겠지? 역사반과 세계사반을 모두 훌륭하게 성공시키며 방과 후 교실 최고의 인기 교사가 된 그 용선생이란다. 교장 선생님께서 특별히 부탁하셔서 이번에는 과학반을 맡게 되었어. 어찌나 사정을 하시던지 도무지 거절할 수가 없었지 뭐야. 그래서 이 몸이 깜짝 놀랄 수업을 준비했단다.

우리의 수업은 언제나 질문과 함께 출발해. 세상을 둘러보다가 누군가 "저건 왜 그래요?" 하고 질문하면 바로 그 순간 수업이 시작되는 거지. 이제부터 용선생의 시끌벅적 과학교실을 제대로 즐기는 방법을 하나씩 알려 줄게.

첫째, 과학반 친구들과 함께 호기심을 갖고 질문해 봐. 과학을 어렵게만 생각하지 말고, 매 교시마다 아이들이 어떤 호기심을 가지는지 관심을 가져 봐. 과학반 친구들과 함께 '왜 그럴까?', '어떻게 알아낼 수 있을까?' 고민하다 보면 어렵던 과학도 쉽게 느껴질 거야.

둘째, 어려운 내용은 사진과 그림으로 이해해 봐. 어려운 과학 개념과 원리를 한 장의 사진이나 그림을 통해 단숨에 이해할 수도 있어. 그래서 너희를 위해 사진과 그림을 많이 준비했단다. 글을 읽다가 어렵다 싶으면 옆에 있는 사진과 그림을 봐. 잘 이해되지 않던 내용이 틀림없이 술술 이해될 거야.

셋째, 배운 내용을 되새기며 머릿속에 정리해 봐. 왁자지껄한 수업을 마치고 나면 뭘 배웠는지 정리가 안 될 때도 있을 거야. 그럴 때를 대비해 중간중간 핵심 정리를 준비했어. 또 배운 내용을 4컷 만화로 재미있게 요약해 두었지. 게다가 교시가 끝날 때마다 나선애의 정리노트도 마련했단다. 이 정도면 학습 정리는 문제없겠지?

과학은 분야도 다양하고 배울 내용도 아주 많아. 쉽게 이해할 수 있는 부분도 있지만, 여러 번 곰곰이 생각해 봐야 알 수 있는 부분도 있지. 이 책을 여러 번 다시 읽다 보면 구석구석 빠짐없이 모두 이해될 거야.

자, 이제 용선생의 시끌벅적 과학교실을 제대로 즐길 준비가 됐겠지? 그럼 신나는 수업을 시작해 볼까?

## 차례 | 소리

### 1교시 | 소리의 발생

#### 소리를 만들어 볼까?

목소리는 어떻게 날까? ··· 13
다른 소리는 어떻게 날까? ··· 15
진동이 퍼져 나가면? ··· 19
소리가 전달되려면? ··· 24

나선애의 정리 노트 ··· 26
과학퀴즈 달인을 찾아라! ··· 27
용선생의 과학 카페 ··· 28
— 곤충들은 소리를 어떻게 낼까?

**교과연계**
초 3-2 소리의 성질 | 중 1 빛과 파동

---

### 3교시 | 소리의 세기

#### 소리가 크고 작은 까닭은?

큰 소리와 작은 소리를 만들자 ··· 51
큰 소리와 작은 소리의 차이는? ··· 54
소리의 세기를 숫자로 나타내 ··· 56
진동수도 진폭도 같지만 다른 소리 ··· 60

나선애의 정리노트 ··· 64
과학퀴즈 달인을 찾아라! ··· 65

**교과연계**
초 3-2 소리의 성질 | 중 1 빛과 파동

---

### 2교시 | 소리의 높낮이

#### 높은 소리와 낮은 소리는 뭐가 달라?

소리를 눈으로 볼 수 있다고? ··· 33
소리의 높이를 결정하는 것은? ··· 37
사람이 들을 수 없는 소리가 있다고? ··· 41

나선애의 정리노트 ··· 44
과학퀴즈 달인을 찾아라! ··· 45
용선생의 과학 카페 ··· 46
— 진동수 때문에 이런 일이?

**교과연계**
초 3-2 소리의 성질 | 중 1 빛과 파동

## 4교시 | 악기의 원리

### 악기로 높은 소리와 낮은 소리를 내려면?

높은 소리와 낮은 소리가 나는 곳 … 69
네 개의 현으로 다양한 소리를 내려면? … 73
크기만 봐도 알 수 있다고? … 76

나선애의 정리노트 … 82
과학퀴즈 달인을 찾아라! … 83
용선생의 과학 카페 … 84
- 사이렌 소리가 다르게 들리는 까닭은?

**교과연계**
초 3-2 소리의 성질 | 중 1 빛과 파동

---

## 6교시 | 소리의 반사

### 메아리는 어떻게 생길까?

소리가 벽에 부딪히면? … 102
소리를 퍼뜨리고 모으고 … 107
반사로 거리를 알아낸다고? … 110

나선애의 정리노트 … 114
과학퀴즈 달인을 찾아라! … 115
용선생의 과학 카페 … 116
- 작은 소리도 크게 들린다고?

**교과연계**
초 3-2 소리의 성질 | 중 1 빛과 파동

---

## 5교시 | 소리의 전달

### 벽에서 소리가 들린다고?

위층 소리를 전달하는 것은? … 89
만약 공기가 없어진다면? … 93
소리를 줄이는 또 다른 방법은? … 96

나선애의 정리노트 … 98
과학퀴즈 달인을 찾아라! … 99

**교과연계**
초 3-2 소리의 성질 | 중 1 빛과 파동

---

가로세로 퀴즈 … 118
교과서 속으로 … 120

찾아보기 … 122
퀴즈 정답 … 123

## 등장인물

### 용쓴다 용써!
### 용선생

체력 ★★★
지력 ★★★★★
감성 ★★★
호기심 ★★★★★
유머 ★★

열정이 가득한 과학 선생님. 하늘을 향해 거침없이 솟은 머리카락과 삐죽삐죽한 수염이 매력 포인트. 생생한 과학 수업을 하기 위해 물불을 가리지 않는다.

### 장하다 장해!
### 장하다

체력 ★★★★★
지력 ★
감성 ★★★★
호기심 ★★★★★
유머 ★★★★★

'튼튼하게만 자라 다오.'라는 아버지의 소원대로 튼튼하게 자랐다. 성격은 일등, 성적은 비밀이다. 시험을 못 봐도 씩씩하고 엉뚱한 질문으로 수업에 활력을 준다.

### 오늘도 나선다!
### 나선애

체력 ★★★★
지력 ★★★★
감성 ★★★
호기심 ★★★★★
유머 ★★★

과학자를 꿈꾸는 우등생. 공부도 잘하고 아는 게 많아서 모든 일에 앞장서는 타입이다. 겉으로는 차가워 보이지만 내심 따뜻한 면도 가지고 있다. 전혀 티가 안 나서 그렇지.

### 잘난 척 대장
### 왕수재

체력 ★★★
지력 ★★★★
감성 ★
호기심 ★★★★★
유머 ★

세상에서 자기가 제일 잘난 줄 안다. '천재는 외로운 법이고 질투의 대상인 법'이라나. 친구들에게 깐족거리는 데에도 천재적이다. 그래도 수업에는 늘 적극적으로 참여한다.

## 낭만 가득
### 허영심

체력 ★★★★★
지력 ★★★
감성 ★★★★★
호기심 ★★★★★
유머 ★★

감성이 풍부해도 너무 풍부하다. 떨어지는 낙엽이나 밤하늘의 별을 보며 눈물짓고, 조그만 벌레와 대화를 나누는 사차원 성격. 하지만 누구보다 정이 많고 낭만적이다.

## 과학반 귀염둥이
### 곽두기

체력 ★★★
지력 ★★★★
감성 ★★★★
호기심 ★★★★★
유머 ★★★★

형과 누나들의 귀여움을 독차지하는 과학반 막내. 나이도 가장 어리고 타고난 동안이라 언뜻 보면 유치원생 같다. 훈장 할아버지 덕에 어려운 단어를 줄줄 꿰고 있다.

---

### 우리를 찾아봐!

**소리굽쇠**
고무망치로 두드리면 일정한 높이의 소리를 오래 내서 악기의 음을 맞추는 데 쓰이는 도구야.

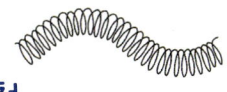

**용수철**
한쪽 끝을 흔들면 진동이 전달되는 모습을 볼 수 있어. 파동의 모양을 관찰하기에 좋아.

**북**
둥근 통의 한쪽 또는 양쪽을 막고, 손이나 막대로 쳐서 소리를 내는 타악기야.

**하프**
길이가 다른 여러 개의 현으로 이루어진 현악기야. 현마다 낼 수 있는 음이 달라.

**박쥐**
어두운 동굴에 사는 날짐승으로, 초음파를 이용해 물체의 위치를 알아내.

"장하다! 오늘 학교 끝나고 뭐해?"

왕수재가 장하다에게 물었다. 장하다는 손으로 목을 가리키며 얼굴만 찡그릴 뿐이었다.

"너 왜 그래? 대답을 해야지!"

나선애가 장하다 대신 나서서 대답했다.

"어제 우리 축구 보러 갔다 왔잖아. 하다가 응원한다고 고래고래 고함을 지르더니 갑자기 목소리가 안 나온다지 뭐야."

그때 용선생이 과학실 문을 열고 들어왔다. 장하다가 후다닥 칠판 앞으로 달려가서는 글씨를 썼다.

> 선생님! 왜 목소리가 안 나오는 걸까요?

 ## 목소리는 어떻게 날까?

"저런, 하다가 목소리가 안 나와서 아주 답답하겠구나. 특별히 오늘은 발표를 안 해도 봐줄게."

장하다가 고개를 끄덕이자 용선생이 말했다.

"그럼 오늘은 목소리가 어떻게 나오는지 알아보자. 하다의 목소리가 왜 안 나오는지도 알아보고 말이야. 그러려면 우선 목소리가 어디서 나오는지부터 알아야겠지?"

그러자 왕수재와 나선애가 동시에 말했다.

"목소리는 당연히 목에서 나오죠."

"좋아. 그럼 손을 목에 대고 소리를 내 보렴. 손에 어떤 느낌이 전해지는지 말이야."

아이들은 저마다 목에 손을 대고 소리를 내 보았다.

나선애가 손을 들고 말했다.

"선생님! 여기 목이 떨려요!"

"그래? 목 말고 다른 곳도 떨리니?"

아이들은 얼른 목 주변에 손을 대 보았다.

"아니요. 턱도, 가슴도 안 떨리고 목 한가운데만 떨리는데요."

"맞아. 목 한가운데에서 떨림이 느껴지는 이유는 바로 그곳에 성대가 있기 때문이야. 성대는 우리 몸에서 목소리를 내는 부분이지."

"성대요?"

"응. 성대는 목 안쪽에 있는데, V자처럼 생긴 얇은 주름이야. 이 주름 사이로 공기가 지날 때 성대가 떨리면서 목소리가 나오는 거야."

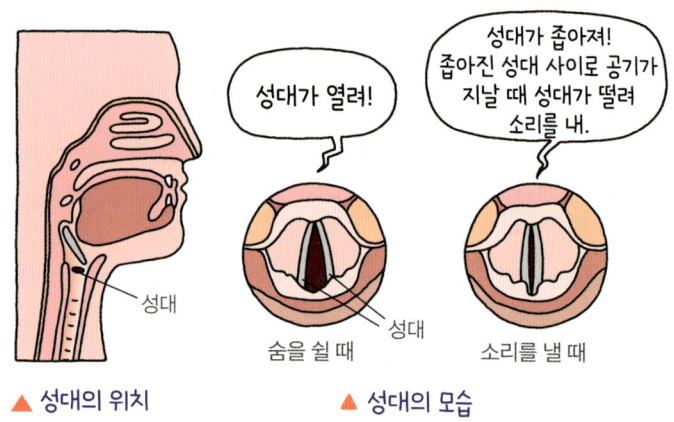

▲ 성대의 위치          ▲ 성대의 모습

"그럼 혹시 하다의 목소리가 나오지 않는 게 성대가 떨리지 않기 때문인가요?"

"그렇지. 하다가 어제 고함을 많이 질러서 성대가 많이 부었을 거야. 성대가 부으면 잘 떨리지 않거든. 하다는 성대가 회복되도록 한동안 말을 하지 않는 것이 좋겠구나."

장하다는 한숨을 쉬며 고개를 끄덕였다.

목 안쪽에 있는 성대가 떨리면서 목소리가 나.

## 다른 소리는 어떻게 날까?

"근데요, 선생님. 목소리 말고 다른 소리는 어떻게 나요? 목소리 말고도 이 세상에 소리는 많잖아요!"

"맞아요. 비행기 소리, 파도 소리, 자동차 소리, 음악 소리……. 소리가 얼마나 많은데요."

"그래, 맞아. 우리 주변에는 소리가 가득해. 그렇다면 소리가 어떻게 나는지 함께 알아보자."

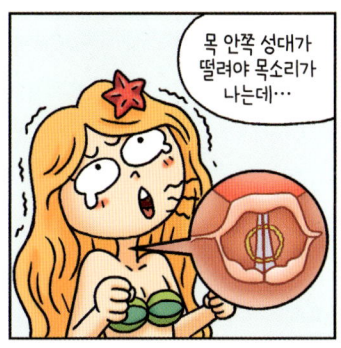

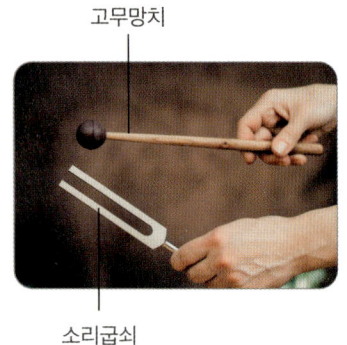

용선생은 서랍에서 소리굽쇠를 꺼냈다.

"이건 소리굽쇠라고 해. 소리굽쇠를 고무망치로 두드리면 일정한 높이의 소리가 나. 그래서 소리에 대해 알아볼 때 쓰면 아주 좋은 도구란다."

아이들이 고개를 끄덕였다.

"자, 이제 소리굽쇠를 두드린 뒤 종이와 물에 각각 갖다 댈 거야. 어떤 일이 벌어지는지 잘 관찰해 봐."

"우아! 신기하다! 소리굽쇠에서 소리가 나니까 종이랑 물이 떨리네요!"

그때 곽두기가 앞으로 나서며 말했다.

"제가 한번 만져 봐도 돼요?"

"그래. 대신 손을 살짝 갖다 대야 해."

곽두기가 조심스럽게 소리굽쇠에 손가락을 댔다.

 "오오! 떨려요! 아까 목소리를 낼 때 성대가 떨렸던 것처럼 소리굽쇠도 떨리면서 소리가 나요."
 그때 장난기가 생긴 곽두기가 소리굽쇠를 손으로 꽉 감싸 쥐었다. 그러자 소리굽쇠의 떨림이 바로 멎었다.
 "어? 소리가 멈췄어요!"
 "그렇지. 하다의 성대가 잘 떨리지 못해서 목소리가 안 나오는 것처럼, 소리굽쇠도 손으로 잡아서 떨리지 못하게 하면 소리가 안 나."
 그때 나선애가 손가락을 탁 튕기며 말했다.
 "소리가 나려면 뭔가가 떨려야 하는 거군요?"
 "그렇지! 소리는 물체가 떨려서 나는 거야. 그럼 물체를 떨리게 하려면 어떻게 하면 될까?"
 "소리굽쇠처럼 두드리면 되죠."
 "맞아. 또 물체끼리 비벼도 물체를 떨리게 할 수 있어. 어

때? 과학실에 있는 도구들로 직접 소리를 한번 내 볼래?"

용선생이 말하자 아이들은 누가 먼저랄 것도 없이 이것 저것 두들기고 비벼 보았다.

"선생님, 물체로 소리 내는 거 정말 쉽네요."

"물체마다 조금씩 다르지만, 어쨌든 모두 소리가 나요."

"하하, 그렇지. 이렇게 물체를 떨리게 하면 여러 가지 소리를 낼 수 있단다. 그런데 과학자들은 물체의 떨림을 '진동'이라고 불러. 진동하면 뭐가 떠오르니?"

"아, 휴대 전화 진동이요! 휴대 전화를 진동 모드로 해 놓으면 떨리잖아요. 그 진동 맞죠?"

"그렇지. 휴대 전화가 진동할 때 '우웅'하는 소리를 들은 적 있지?"

"네. 그러고 보니 휴대 전화도 진동하면 소리가 나네요."

"맞아. 소리는 물체가 진동해서 생기는 거야. 좀 더 정확히 말하면 진동은 물체가 한곳에서 위아래나 좌우, 앞뒤로 반복해서 떨리는 걸 말해."

**핵심정리**

소리는 물체가 진동해서 생기는 거야. 물체가 한곳에서 반복해서 떨리는 것을 진동이라고 해.

## 진동이 퍼져 나가면?

용선생이 아이들을 둘러보고는 진지한 목소리로 말했다.

"그런데 물체의 진동으로 생겨난 소리가 우리 귀까지 전달되려면 필요한 게 있어."

"뭐가 필요한데요?"

용선생은 씩 웃으며 아주 긴 용수철을 꺼내 바닥에 늘어놓았다.

**나선애의 과학 사전**

**관찰** 볼 관(觀) 살필 찰(察). 우리 몸의 눈, 코, 입, 귀, 피부를 이용해 사물이나 현상을 주의 깊게 살펴보는 일이야. 때에 따라 돋보기나 현미경 같은 도구를 사용할 수도 있어.

"우선 소리가 어떻게 전달되는지 간단한 실험으로 알아보자. 용수철의 양 끝을 잡고 한쪽 끝을 좌우로 흔들면서 어떤 일이 일어나는지 잘 관찰해 봐."

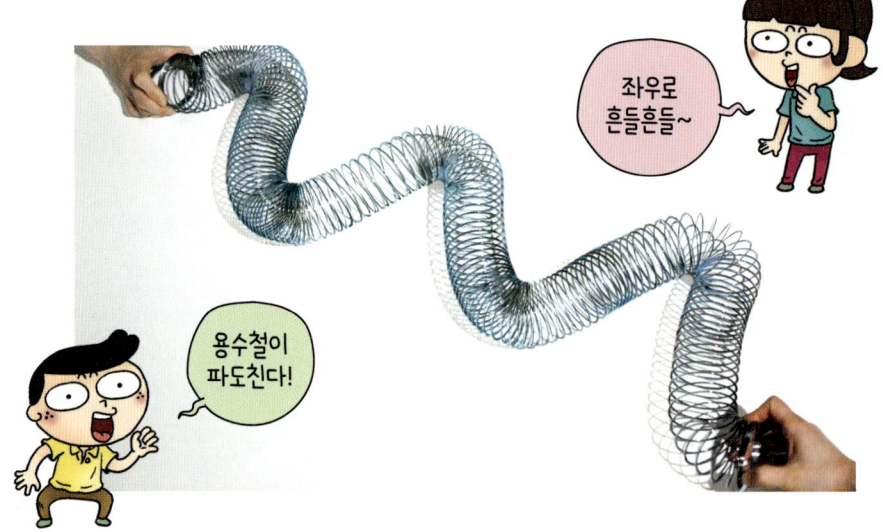

"우아! 용수철이 파도 같은 모양으로 흔들려요."

"불룩한 모양이 용수철을 타고 쭉 전달돼요!"

"그래. 이렇게 진동은 용수철을 타고 퍼져 나가. 아까 진동은 한곳에서 떨리는 거라고 했지? 지금처럼 진동이 주위로 퍼져 나가는 걸 '파동'이라고 해. 파동은 이렇게 그래프로 나타낼 수 있어."

용선생이 그래프를 띄웠다.

"파동 그래프에서 위로 볼록하게 솟은 부분 중 가장 높은 곳을 '마루', 아래로 오목하게 파인 부분 중 가장 낮은 곳을 '골'이라고 부른단다. 마루와 골의 중간 지점은 '진동 중심'이라고 하지."

"마루? 골? 어디서 들어 본 말인데요?"

"산에서 가장 높은 곳을 산마루, 가장 깊은 곳을 골짜기라 하잖아."

나선애가 얼른 대답했다.

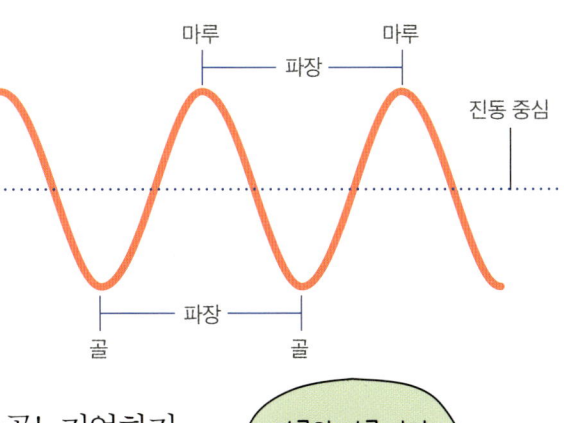

"아하, 산마루와 골짜기를 줄여서 마루와 골! 기억하기 쉽네요!"

"그렇지? 또, 한 가지! 방금 확인한 것처럼 파동이 퍼져 나가려면 용수철처럼 파동을 전달하는 물질이 필요해. 이때 파동을 전달하는 물질을 '매질'이라고 한단다. 우리가 한 실험에서는 용수철이 매질인 거지."

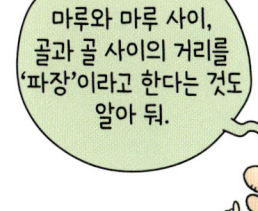

마루와 마루 사이, 골과 골 사이의 거리를 '파장'이라고 한다는 것도 알아 둬.

용선생은 잠시 쉬었다가 말을 이었다.

"파동에 관한 재밌는 퀴즈 하나 맞혀 볼래?"

"네!"

"용수철에 리본을 매단 뒤 용수철을 흔들어 파동을 만들면 리본이 파동과 함께 이동할까, 아니면 제자리에서 진동만 할까?"

"파동과 함께 이동하지 않을까요?"

용선생이 "과연 그럴까?" 하며 용수철에 리본을 매단 뒤

용수철의 한쪽 끝을 흔들었다.

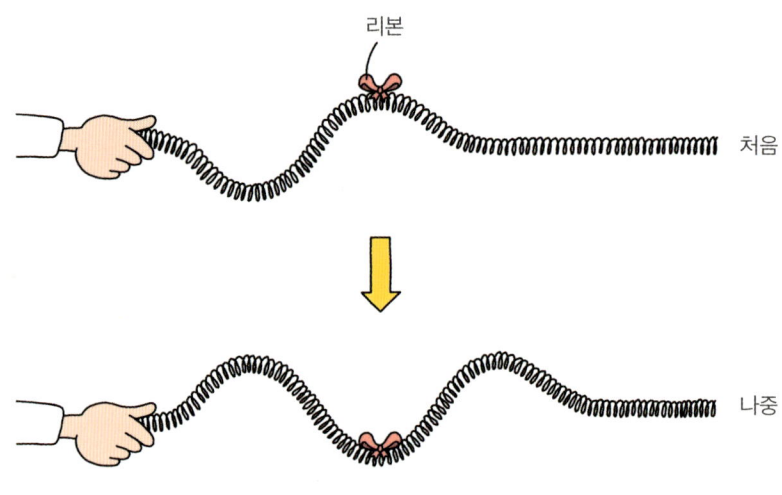

"오! 리본이 거의 제자리에서만 움직여요!"

"맞아! 용수철은 파동을 전달하기는 하지만 파동과 함께 이동하지는 않아. 이처럼 파동이 전달될 때 매질은 제자리에서 진동만 할 뿐 파동과 함께 이동하지 않는단다."

"오호, 그렇군요!"

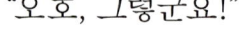 핵심정리

진동이 퍼져 나가는 것을 파동, 파동을 전달하는 물질을 매질이라고 해. 파동이 전달될 때 매질은 파동을 따라가지 않고 제자리에서 진동만 해.

## 우리 주변의 파동은?

잔잔한 호수에 돌을 던지면 파동이 생기는 것을 볼 수 있어. 물이 매질인 파동을 '물결파'라고 해. 파도도 물결파 중 하나야.

▲ 물결파

지진이 일어날 때에도 파동이 생겨. 땅속에서 생긴 진동이 주변으로 퍼져 나가는 거야. 때론 땅 위에까지 진동이 전달되어 땅이 흔들리기도 해. 이런 파동을 '지진파'라고 불러.

▼ 지진파

▲ 지진으로 무너진 도로

## 소리가 전달되려면?

"그런데요, 선생님. 소리가 어떻게 전달되는지 알아본다면서 파동 얘기는 왜 이리 오래 하시는 거예요?"

"하하! 왜냐하면 소리도 파동이거든."

"네? 그래요?"

"응. 성대나 소리굽쇠가 진동하여 생긴 파동이 우리 귀에 전달되는 것이 바로 소리란다. 그래서 소리를 음파라고도 하지."

"아니, 파동이 전달되려면 매질이 있어야 한다면서요. 소리가 파동이면 소리의 매질은 뭐예요?"

"아주 좋은 질문이야. 우리 사이에 무엇이 있지?"

"아무것도 없는데⋯⋯. 아! 공기가 있어요!"

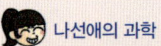
**나선애의 과학 사전**

**음파** 소리 음(音) 물결 파(波). 소리도 파동이라서 음파라고 해.

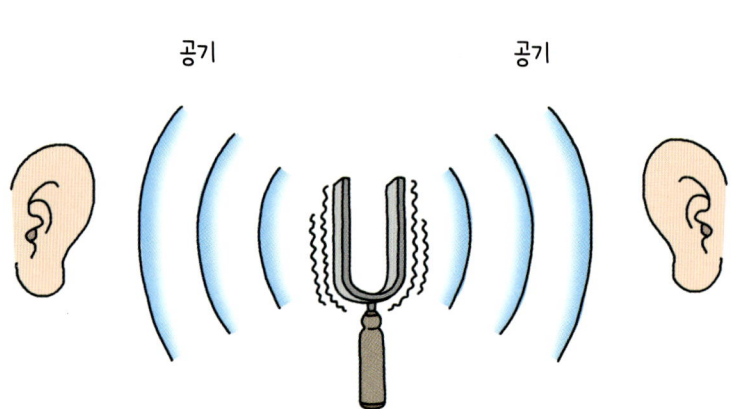

"그렇지. 성대나 소리굽쇠가 진동하면서 바로 옆에 있는 공기를 진동시키면, 진동한 공기는 다시 그 옆에 있는 공기를 진동시켜. 이런 식으로 소리가 우리 귀까지 전달되는 거란다."

"아하! 공기가 진동해서 소리가 전달되는 거였군요."

"맞아. 소리의 매질은 공기란다."

"그나저나 오늘 하다가 조용하니까 수업이 왠지 심심한 거 같아요."

허영심의 말에 장하다가 벌떡 일어나 칠판에 글씨를 썼다.

> 영심아. 조금만 기다려. 내 성대는 튼튼하니까 금방 다시 잘 진동할 수 있을 거야.

"어휴, 벌써 장하다가 시끄럽게 떠드는 소리가 들리는 것 같아요."

두 손으로 귀를 막는 허영심을 보고 아이들은 모두 웃음을 터뜨렸다.

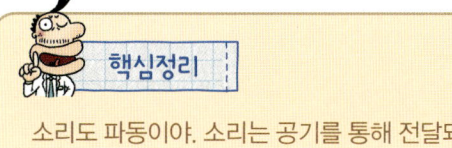
**핵심정리**
소리도 파동이야. 소리는 공기를 통해 전달돼.

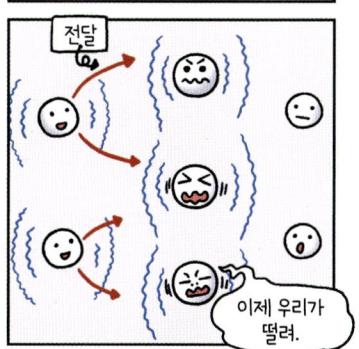

 나선애의

### 1. 소리의 발생
① 물체가 떨려 생김.
② 목 안쪽의 ⓐ☐ 가 떨리면서 목소리가 남.

### 2. 파동
① ⓑ☐ : 물체가 한곳에서 반복해서 떨리는 현상
② 파동: 진동이 주위로 펴져 나가는 것
③ ⓒ☐ : 파동을 전달하는 물질
④ 소리도 파동이기 때문에 음파라고 부름.
⑤ 소리의 매질은 ⓓ☐ 임.

ⓐ 성대 ⓑ 진동 ⓒ 매질 ⓓ 공기

 과학퀴즈 달인을 찾아라!

●정답은 123쪽에

# 01

친구들이 이번 시간에 배운 내용에 대해 이야기하고 있어. 옳으면 O, 옳지 않으면 X를 표시해 줘.

① 물체가 진동하면 소리가 생겨. (       )
② 소리는 몸 전체가 떨리면서 나는 거야. (       )
③ 공기를 통해서 소리가 전달돼. (       )

# 02

아래 설명을 보고 네모 칸에 있는 글자를 가로, 세로 혹은 대각선으로 연결해서 알맞은 말을 찾아봐.

① ○○은 물체가 한곳에서 일정하게 떨리는 현상이야.
② 물체의 떨림이 주위로 퍼져 나가는 걸 ○○이라고 해.
③ 파동이 퍼져 나가려면 파동을 전달해 주는 ○○이 필요해.

| 매 | 마 | 루 |
|---|---|---|
| 성 | 질 | 파 |
| 대 | 진 | 동 |

| 용선생의 과학 카페 | 용선생의 한국사 카페 | 용선생의 세계사 카페 |

https://cafe.naver.com/yongyong

## 용선생의 과학 카페

과학계의 핵인싸,
용선생의 과학 카페에
오신 걸 환영합니다.

Log in

오늘은 어떤 재미난 지식을 올려 볼까?

 MENU

물리면 아프다
화학이 화하하
생물 오징어
지구는 둥글다

# 곤충들은 소리를 어떻게 낼까?

맴맴 스르르르, 귀뚤귀뚤 귀뚜르르.
곤충들은 작은 몸집에 비해 큰 소리를 낼 수 있어. 그런데 곤충이 입으로 노래하는 것 같진 않아. 입은 꼭 다물고 있거든. 그렇다면 곤충은 어떻게 소리를 내는 걸까?

◆ **여름날 울리는 매미 소리**

매미는 배에서 소리를 내. 수컷 매미의 뱃속에는 V자 모양의 근육이 있는데, 이 근육을 오므렸다 늘렸다 하면 근육에 연결된 발음판이 진동하여 소리가 나. 이 소리는 매미의 뱃속에 있던 공기를 진동시키며 더욱 커져.

▼ 매미　　　　　　　　　　▼ 수컷 매미의 뱃속

공기
발음판
소리를 내는 근육

### ◆ 가을날 울리는 귀뚜라미 소리

▲ 날개를 비비는 귀뚜라미

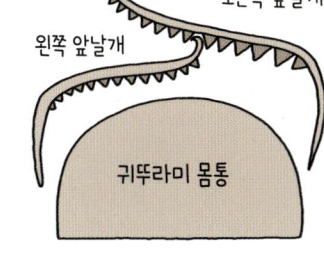
▲ 수컷 귀뚜라미의 날개

왼쪽 앞날개  오른쪽 앞날개
귀뚜라미 몸통

귀뚜라미는 앞날개를 비벼서 소리를 내. 오른쪽 앞날개 뒷면에 왼쪽 앞날개 가장자리를 비벼서 소리를 내지. 앞날개의 나머지 부분은 진동을 크게 만들어 소리가 커지게 해.

매미와 귀뚜라미 모두 수컷만 소리를 내. 수컷들이 짝짓기 시기에 암컷을 유혹하기 위해 소리를 낸단다. 짝을 찾기 위한 사랑의 노래를 부르는 거야.

암컷 매미

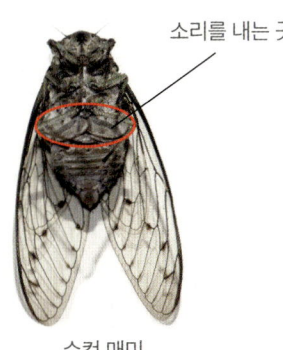
수컷 매미

소리를 내는 곳

장하다의 오답을 피하는 방법
나선애의 야무진 실험실
왕수재의 아는 척 과학교실
허영심의 별 헤는 밤
곽두기의 빅뱅 따라잡기

## COMMENTS

- 와, 매미는 입을 다물고도 노래를 하네!
  - 나도 배로 노래해 볼까? 아~ 아~ 아~
  - 그 전에 박자 연습부터 하는 게 어때?

**2교시 | 소리의 높낮이**

# 높은 소리와 낮은 소리는 뭐가 달라?

와! 영심이 노래 잘한다. 난 높은 소리는 못 내겠던데.

도대체 높은 소리와 낮은 소리는 뭐가 다른 거지?

아이들이 과학실에 모여 아이돌 가수의 신곡을 부르고 있었다.

"왕수재! 넌 왜 이렇게 높은 소리가 안 나니?"

왕수재는 목소리를 가다듬고 다시 불러 보았다. 하지만 여전히 높은 소리를 낼 수 없었다.

"아, 답답해. 나는 왜 높은 소리가 안 나는 거지?"

그때 과학실에 들어온 용선생이 말했다.

"수재가 노래 연습을 하고 있구나!"

"선생님, 도대체 어떻게 하면 높은 소리를 낼 수 있죠?"

"어떻게 하면 높은 소리를 낼 수 있는지는 몰라도, 높은 소리와 낮은 소리가 어떻게 다른지는 알려 줄 수 있지."

"어떻게 다른데요?"

"좋아, 일단 자리에 앉아 보렴."

아이들이 서둘러 자리에 앉았다.

## 소리를 눈으로 볼 수 있다고?

"높은 소리와 낮은 소리가 어떻게 다른지 직접 소리를 만들어 보면서 차근차근 알아보자."

용선생은 과학실 선반에서 소리굽쇠를 꺼냈다.

"길이가 다 다르네요?"

"그래. 각각 어떤 소리가 나는지 들어 봐."

아이들은 소리굽쇠를 고무망치로 두드렸다.

"선생님, 소리굽쇠가 짧을수록 높은 소리가 나요."

"맞아요. 소리굽쇠가 길수록 낮은 소리가 나고요."

소리굽쇠를 뚫어지게 쳐다보던 왕수재가 말했다.

"와, 소리굽쇠가 떨리는 게 보이네. 이 떨림이 공기를 진동시키고 있는 거겠지? 공기가 떨리는 모습을 볼 수 있으면 좋을 텐데!"

"하하! 소리굽쇠에서 나는 소리가 퍼져 나가는 모습을 보고 싶은가 보구나?"

"그야 당연하죠. 근데 소리가 퍼져

▲ 다양한 길이의 소리굽쇠

나가는 걸 어떻게 봐요?"

"소리도 파동이라서 음파라 한다고 했지? 컴퓨터를 이용하면 시간에 따라 변하는 음파의 모습을 볼 수 있어."

용선생이 소리굽쇠의 소리를 컴퓨터로 녹음한 후 화면을 가리켰다.

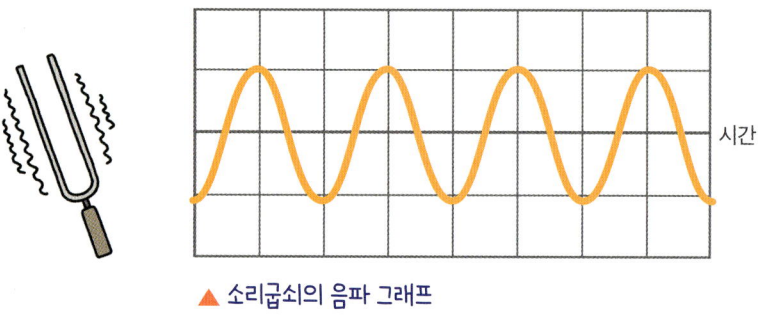

▲ 소리굽쇠의 음파 그래프

"와, 음파가 이렇게 생겼어요?"

"하하, 그건 아니야. 이건 실제 음파의 모습을 우리에게 조금 더 익숙한 모양의 파동으로 바꾼 거란다. 지난번에 했던 용수철 실험 기억나지?"

"네! 용수철을 좌우로 흔들 때랑 모양이 비슷하네요!"

"그렇지? 과학에서는 파동의 모양을 '파형'이라고 해. 파형을 보면 파동이 어떤 성질을 가지고 있는지 알 수 있어. 그러니 파형을 보는 법을 잘 익혀 보자고."

용선생이 파형 그래프를 가리키며 말을 이었다.

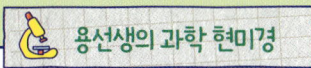

## 소리는 어떤 모습으로 퍼져 나갈까?

용수철을 좌우 또는 위아래로 흔들면 아래와 같은 모양의 파동이 생겨. 이때에는 용수철의 고리들 사이의 간격이 전체적으로 일정하지.

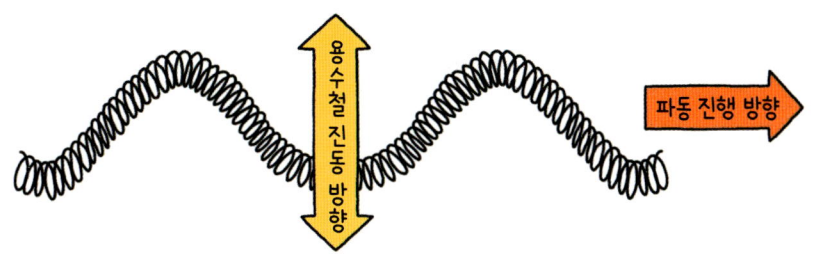

그런데 용수철을 앞뒤로 흔들면 용수철 고리들 사이의 간격이 빽빽한 부분과 듬성듬성한 부분이 번갈아 나타나. 소리가 퍼져 나갈 때 공기가 진동하는 모습도 이와 비슷해.

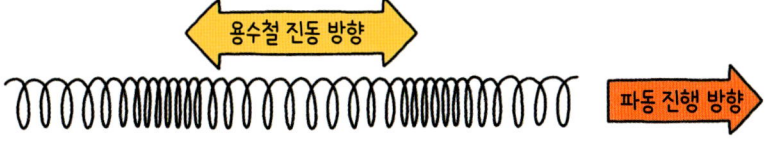

스피커에서 난 소리가 귀까지 전달될 때 공기의 모습을 그려 보면 아래와 같아. 공기 알갱이들이 스피커에서부터 차례로 진동을 퍼뜨리면서 소리가 전달되는 거야.

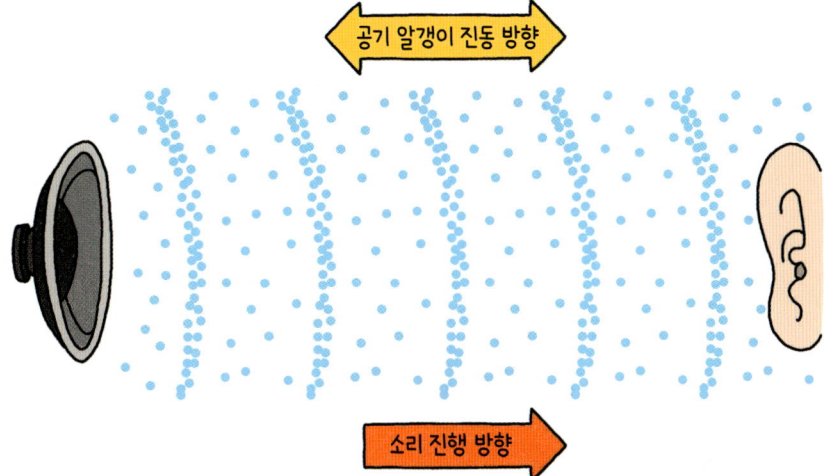

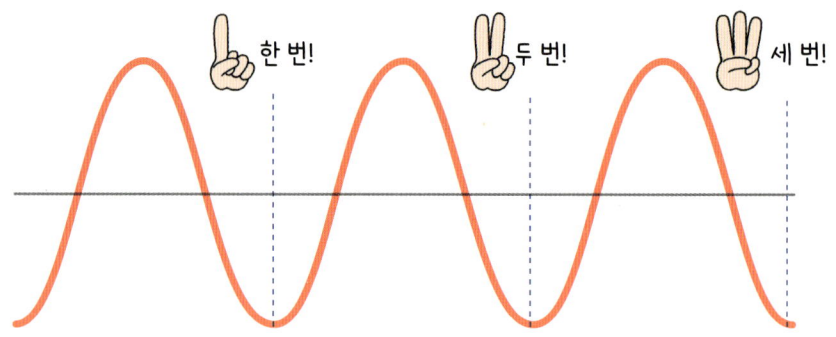

"진동이 몇 번 일어났는지 세 볼까? 파형에서 같은 모양이 되풀이될 때마다 한 번씩 진동이 일어나는 거란다."

"진동이 세 번 일어났어요!"

"그래. 매질이 1초 동안 진동한 횟수를 '진동수'라고 해. 진동수를 세면 진동이 얼마나 빨리 일어났는지 알 수 있단다."

"그럼 1초 동안 10번 진동하면 진동수가 10이네요?"

"그렇지! 진동수의 단위는 Hz(헤르츠)를 써. 그러니까 1초 동안 10번 진동하면 진동수는 10 Hz야. 진동수라는 말은 처음 들어도 주파수라는 말은 들어 본 적이 있지? 진동수를 주파수라고도 해."

"주파수라는 말은 많이 들어 봤어요. 무전기나 라디오를 쓸 때 주파수를 맞춰야 한다고 하잖아요."

"그렇지. 일상생활에서는 주파수라는 말을 많이 쓰지만, 과학에서는 진동수로 통일해서 쓴단다."

매질이 1초 동안 진동하는 횟수를 진동수라고 하고, 단위로 Hz(헤르츠)를 써.

 ## 소리의 높이를 결정하는 것은?

"진동수에 대해서 배웠으니 이제 높은 소리와 낮은 소리의 차이점을 알아보자. 아까 짧은 소리굽쇠에서 높은 소리가 난다고 했지?"

"네! 긴 소리굽쇠에서는 낮은 소리가 나고요!"

"맞아. 그러니까 짧은 소리굽쇠와 긴 소리굽쇠의 파형을 비교하면 높은 소리와 낮은 소리의 차이를 알 수 있어."

"오호! 그럼 제가 한번 쳐 볼게요."

"저도요!"

장하다와 나선애가 각각 짧은 소리굽쇠와 긴 소리굽쇠를 차례대로 두드렸다. 용선생은 짧은 소리굽쇠와 긴 소리굽쇠의 소리를 컴퓨터로 녹음했다.

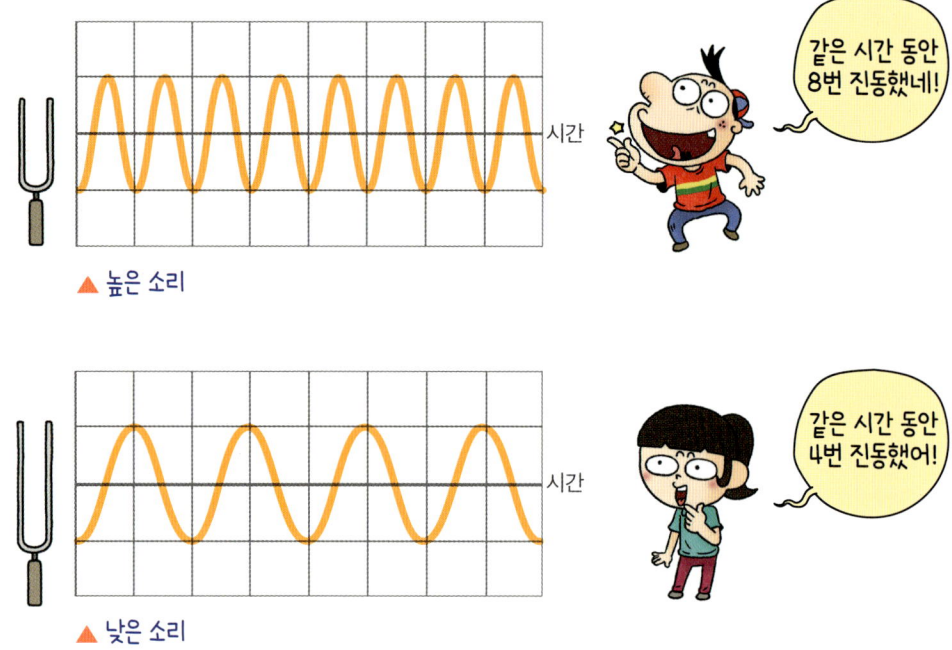

▲ 높은 소리

▲ 낮은 소리

"두 파형이 어떻게 다르니? 좀 전에 배운 용어를 사용해 말해 보렴."

"음…… 높은 소리는 같은 시간 동안 진동이 더 자주 일어났어요."

"오호, 높은 소리는 낮은 소리보다 진동수가 커요!"

"맞아! 짧은 소리굽쇠는 긴 소리굽쇠보다 더 빠르게 떨려서 진동수가 크고, 그래서 높은 소리가 나는 거야. 진동수가 크면 높은 소리가, 진동수가 작으면 낮은 소리가 나거든.

소리의 높고 낮은 정도를 '소리의 높낮이'라고 해."

"그럼 높은 소리와 낮은 소리는 진동수가 다른 거네요?"

"그렇지!"

용선생이 아이들을 둘러본 후 말을 이었다.

"사람의 목소리는 진동수가 얼마쯤 될까?"

"어…… 전혀 짐작이 안 가요."

"성인 남자의 목소리는 진동수가 100 Hz 정도 돼. 그러니까 남자는 말할 때 성대를 1초에 100번 정도 떠는 셈이란다."

"헉, 그렇게나 많이요?"

"여자는요?"

왕수재와 허영심이 동시에 물었다.

"성인 여자의 목소리는 진동수가 200 Hz 정도야."

"오, 여자 목소리는 남자 목소리보다 진동수가 두 배 더 크네요! 그럼 여자는 남자보다 성대를 두 배나 빨리 떠는 거예요?"

곽두기가 놀란 표정으로 말했다.

"맞아."

"근데 여자는 어떻게 그렇게 성대를 빨리 떨어요? 말할 때 여자가 목을 더 흔드는 것도 아닌데……."

장하다가 목을 좌우로 흔드는 시늉을 하자 아이들이 모두 웃음을 터뜨렸다.

"하하! 물론 그건 아니야. 여자는 남자보다 성대가 짧고 가늘기 때문에 성대가 더 빠르게 떨려. 그래서 여자 목소리가 더 높은 거야. 아이의 목소리가 어른의 목소리보다 더 높은 것도 아이의 성대가 어른의 성대보다 훨씬 짧기 때문이지."

"오호, 그렇군요!"

"또, 같은 사람이 소리를 내더라도 성대가 강하고 팽팽하게 당겨질수록 성대가 더 빠르게 진동해서 높은 소리가 나지."

"그럼 제 성대는 팽팽하게 당겨지지 않나 봐요."

왕수재가 목을 쓰다듬으며 말했다.

"수재야, 남자는 어른이 되면 성대가 크고 굵어지면서 느리게 진동한단다. 네가 어른이 되면 지금보다 목소리가 더 낮아질 거야. 높은 소리를 내는 건 좀 더 어려워지겠지만, 대신 낮은 소리를 멋지게 낼 수 있겠지?"

**핵심정리**

소리의 높낮이는 진동수에 따라 달라져. 진동수가 크면 높은 소리가, 진동수가 작으면 낮은 소리가 나.

 ## 사람이 들을 수 없는 소리가 있다고?

용선생이 왕수재의 머리를 쓰다듬고는 말을 이었다.

"진동수도 배웠으니 진동수와 관련된 재밌는 실험을 하나 해 볼까?"

용선생은 주머니에서 호루라기를 꺼내며 말했다.

"이 호루라기를 불어 볼게. 잘 들어 보렴."

용선생이 호루라기를 힘껏 불었다.

"음……. 아무 소리도 안 들리는데요? 호루라기가 고장 났나 봐요."

"혹시 부는 시늉만 하신 거 아니에요?"

"하하, 제대로 불었단다. 너희들 귀엔 소리가 들리지 않았지? 하지만 개들은 이 소리를 들을 수 있어."

"정말요? 어째서요?"

"개가 들을 수 있는 소리의 진동수 범위가 사람보다 넓기 때문이야. 다시 말해 개가 들을 수 있는 소리 중에는 사람이 들을 수 없는 소리도 있다는 거지."

"네? 어떻게 그렇게 돼요?"

"사람이 들을 수 있는 소리의 진동수 범위는 20~20,000Hz

야. 그보다 낮거나 높은 소리는 들을 수 없지."

"그럼 개들은요?"

"개는 45,000 Hz 범위의 소리까지 들을 수 있어. 그래서 우리가 들을 수 없는 높은 소리까지 들을 수 있지."

"그럼 이 호루라기에서 나는 소리는 진동수가 20,000 Hz 보다 큰가 봐요."

"맞아. 그래서 이걸 이용하면 다른 사람에게 피해를 주지 않으면서 개를 훈련시킬 수 있어. 이처럼 진동수가 20,000 Hz보다 큰 소리를 초음파라고 불러."

"초음파? 들어 본 적 있어요. 돌고래들이 초음파로 대화하는거 아니에요?"

"그래. 돌고래들은 초음파로 서로 이야기해. 고양이와 쥐 같은 동물들도 초음파를 사용한단다. 쥐는 진동수가 60,000 Hz나 되는 초음파를 내는데, 고양이는 그 소리를 듣고 쥐가 있는 곳을 알아채 사냥을 할 수 있지. 또 박쥐는 눈으로 보는 대신 초음파를 사용해서 어두운 밤에도 먹이를 잡을 수 있어."

"우아, 신기하네요."

"반대로 우리가 듣지 못하는 낮은 소리로 대화하는 동물도 있단다."

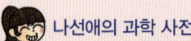

**나선애의 과학 사전**

**초음파** 뛰어넘을 초(超) 소리 음(音) 물결 파(波). 진동수가 매우 커서 사람이 들을 수 있는 범위를 뛰어넘는 음파라는 뜻이야.

"얼마나 낮길래 들을 수가 없어요?"

"20 Hz보다 진동수가 작은 소리를 초저주파라고 해. 암코끼리는 멀리 떨어진 수코끼리를 부를 때 초저주파를 내. 초저주파는 아주 멀리까지 전달되는 특징이 있거든."

"우아! 코끼리들은 우리가 듣지 못하는 소리로 남자 친구를 부르는구나!"

그때 왕수재가 목을 푹 낮추고 이상한 소리를 내기 시작했다.

"음? 수업 도중에 갑자기 뭘 하는 거니?"

"헤헤! 높은 소리 대신 낮은 소리를 담당해 보려고요."

"하하, 그래. 수재에게는 그게 더 쉬울 수도 있겠다. 우리는 수재 연습에 방해되지 않게 간식이나 먹으러 가자!"

### 핵심정리

사람이 들을 수 있는 진동수의 범위는 20~20,000 Hz까지야. 어떤 동물들은 우리가 들을 수 없는 초음파와 초저주파의 소리를 내고 들을 수 있어.

## 나선애의 정리노트

### 1. 진동수
① 매질이 @ⓐ 동안 진동하는 횟수
② 단위로 ⓑ (헤르츠)를 씀.

▲ 진동수가 큼            ▲ 진동수가 작음

### 2. 소리의 높낮이
① 소리의 높고 낮은 정도
② ⓒ 에 따라 달라짐.
③ 높은 소리는 진동수가 크고, 낮은 소리는 진동수가 작음.

### 3. 사람이 들을 수 없는 소리
① ⓓ : 진동수가 매우 커서 들을 수 없는 소리
② 초저주파: 진동수가 매우 작아서 들을 수 없는 소리

ⓐ 1초 ⓑ Hz ⓒ 진동수 ⓓ 초음파

 # 과학퀴즈 달인을 찾아라!

●정답은 123쪽에

## 01

친구들이 이번 시간에 배운 내용에 대해 이야기하고 있어. 옳으면 O, 옳지 않으면 X를 표시해 줘.

① 진동수는 매질이 10초 동안 진동한 횟수야. (      )
② 진동수가 클수록 낮은 소리가 나. (      )
③ 사람이 못 듣는 높은 소리를 듣는 동물도 있어. (      )

## 02

곽두기가 방 탈출 게임을 하고 있어. 아래 괄호 안에 들어갈 말들을 순서대로 찾아야 탈출할 수 있대. 곽두기가 방을 나갈 수 있게 도와주자.

> **보기**
> 높은 소리를 내려면 성대가 (         ) 진동하여
> (         )가 (         )야 해.

 용선생의 과학 카페 | 용선생의 한국사 카페 | 용선생의 세계사 카페

https://cafe.naver.com/yongyong

## 용선생의 과학 카페

과학계의 핵인싸,
용선생의 과학 카페에
오신 걸 환영합니다.

Log in

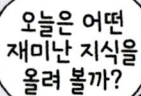

MENU

물리면 아프다
화학이 화하하
생물 오징어
지구는 둥글다

## 진동수 때문에 이런 일이?

### ▶ 유리잔을 깬 범인은?

소프라노가 노래를 부르며 점점 더 높은 소리를 내다가 가장 높은음에 다다르자 '쨍그랑!' 하고 탁자 위의 유리잔이 깨져 버렸어. 멀쩡한 유리잔이 갑자기 깨진 이유가 뭘까? 바로 소프라노 목소리의 진동수와 유리잔의 '고유 진동수'가 같아졌기 때문이야.

### ▶ 고유 진동수란?

손가락으로 유리잔을 퉁길 때와 책상을 퉁길 때 나는 소리가 다르게 들리지? 유리잔과 책상이 다른 진동수로 진동하기 때문이야. 이렇게 물체가 진동할 때는 각각의 고유한 진동수로 진동하는데, 이런 진동수를 고유 진동수라고 해.

### ▶ 고유 진동수와 같은 진동수로 힘을 가하면?

그네를 밀 때 가장 효과적인 방법은 그네의 진동에 맞추어 미는 거야. 예를 들어, 그네가 움직이는 방향과 같은 방향으로 그네를 밀어 주면 큰 힘을 들이지 않아도 그네는 매우 높은 곳까지 올라갈 수 있어.

이처럼 물체의 고유 진동수에 맞추어 힘을 주면 물체가 진동하는 폭이 더 커져. 이걸 '공명' 현상이라고 해. 바로 이 공명 현상 때문에 유리잔이 깨진 거야. 소프라노가 유리잔의 고유 진동수와 같은 높이의 음을 냈기 때문에 유리잔이 크게 진동하다 결국 깨진 거란다.

▶ 공명 현상으로 다리가 무너졌다고?

1940년 11월 7일 미국 워싱턴주에 있는 타코마 다리가 별안간 무너진 일이 있어. 바람의 진동수와 다리의 고유 진동수가 우연히 같아지면서 공명 현상이 일어났고, 진동하는 폭이 점점 커지면서 끝내 무너진 거야.

하지만 걱정하지 마. 이 사건 이후로는 다리나 건물을 지을 때 미리 고유 진동수를 철저하게 계산해서 안전하게 만들고 있으니까.

장하다의 오답을 피하는 방법
나선애의 야무진 실험실
왕수재의 아는 척 과학교실
허영심의 별 헤는 밤
곽두기의 빅뱅 따라잡기

▲ 다시 지은 타코마 다리

### COMMENTS

오늘 아침 내가 컵을 깨뜨린 것도 혹시 공명 현상?

ㄴ 나도 어제 접시 깼는데, 설마 그것도?

ㄴ 너희가 소프라노냐?

3교시 | 소리의 세기

# 소리가 크고 작은 까닭은?

으아, 시끄러워!

귀가 다 아픈 거 같아.

나선애와 허영심이 귓속말로 이야기 나누는 모습을 보고 곽두기가 소리쳤다.

"누나들끼리만 이야기하지 말고 나한테도 말해 줘!"

"앗, 깜짝이야! 두기야, 살살 말해야지. 누나 귀가 다 아프다."

나선애와 허영심이 귀를 막으며 인상을 찡그렸다.

"미안, 궁금해서 나도 모르게 그만……."

곽두기가 머리를 긁적이며 사과했다. 그때 용선생이 웃으며 끼어들었다.

"하하! 가까이에서 말할 때는 작은 소리로 말해야지."

"선생님, 큰 소리를 들으면 왜 귀가 아픈 거예요?"

허영심이 귀를 어루만지며 물었다.

# 큰 소리와 작은 소리를 만들자

용선생이 실험대 아래에서 북을 꺼냈다.

"큰 소리와 작은 소리를 직접 만들어 보면서 알아보자. 다들 북소리를 들어 본 적은 있지?"

"그럼요. '둥둥둥' 하는 소리가 나잖아요."

장하다가 북 치는 시늉을 하며 말했다.

"그러지 말고 얼른 두드려 봐요!"

"좋았어. 북의 두드리는 부분을 북면이라고 해. 북면을 자유롭게 두드려 소리를 내 보렴."

아이들은 신이 나서 북을 두드렸다.

"얘들아, 북에서 나는 소리를 잘 들어 봐. 북소리가 크든 작든 소리의 높낮이는 변하지 않을 거야. 높낮이가 변하지 않는다는 건 실로폰처럼 다양한 높이의 소리를 낼 수 없다는 말이야."

북면

아이들이 북을 두드리며 북소리에 귀를 기울였다.

"어…… 정말 그러네요."

"북은 진동수가 일정해서 한 가지 높이의 소리만 낼 수 있어. 그래서 큰 소리와 작은 소리의 차이점을 알아보기에 좋은 악기이지."

"정말 그렇겠네요. 그럼 어떻게 차이점을 알 수 있어요?"

"북면 위에 쌀알을 올려놓고 큰 소리도 내 보고, 작은 소리도 내 보는 거야."

아이들이 북면 위에 쌀알을 올려놓고 북을 두드렸다.

▲ 북을 약하게 칠 때    ▲ 북을 세게 칠 때

"어떻게 작은 소리를 냈니?"

"북을 아주 살짝 쳤어요."

"그래서 쌀알이 얼마나 튀었지?"

"쌀알이 조금 튀었어요."

"그럼 큰 소리는 어떻게 냈니?"

"북을 엄청 세게 쳤어요, 쌀알은 높이 튀어 올랐고요."

"아주 잘했어. 북을 세게 쳤을 때 왜 쌀알이 높이 튀어 올랐을까?"

"그야 북을 세게 치면 북면이 위아래로 크게 흔들리니까 그 위에 있던 쌀알도 높이 튀어 오르는 거죠."

왕수재가 자신 있게 답했다.

"맞았어. 북채로 북을 치면 북면이 위아래로 진동하고, 그 주위의 공기도 진동하지. 그래서 소리가 나는 거고. 너희가 방금 확인한 것처럼 북면이 위아래로 크게 움직일수록 큰 소리가 난단다. 북면이 크게 진동하면 북면 주변 공기도 그만큼 크게 진동해서 큰 소리가 나는 거야."

아이들은 고개를 끄덕였다.

"소리의 크고 작은 정도를 '소리의 세기'라고 해. 소리의 세기는 물체가 얼마나 크게 떨리는지에 따라 달라져."

"근데 큰 소리랑 귀가 아픈 건 무슨 관련이 있나요?"

"공기를 통해 전달된 소리는 귓속에 있는 '고막'이라는 부분을 떨리게 해. 고막은 귓구멍 안쪽에 있는 얇은 막인데, 공기가 진동하면 고막이 진동하면서 소리가 들리는 거

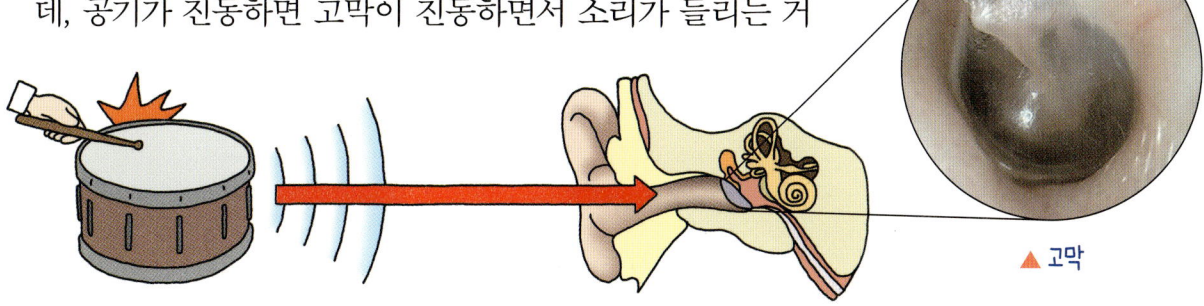

▲ 고막

북의 진동 ➡ 공기의 진동 ➡ 고막의 진동

란다."

"저도 고막이라는 말은 들어 봤어요!"

"좋아. 그러면 큰 소리가 울릴 때 고막은 어떻게 될까?"

"큰 소리는 고막이 크게 진동하게 할 것 같아요."

"맞아. 시끄럽고 기분이 나쁜 소리를 '소음'이라고 하는데, 공사장 소음처럼 매우 큰 소리가 들리면 고막이 아주 큰 폭으로 진동해. 그래서 귀가 아플 수 있고, 소음이 심할 경우에는 고막을 다쳐서 소리를 못 듣게 될 수도 있지."

"아하, 그래서 큰 소리를 들으면 귀가 아팠던 거군요! 앞으로는 조심해야겠어요."

 핵심정리

소리의 크고 작은 정도를 소리의 세기라고 해. 북면을 세게 쳐서 크게 진동시킬수록 큰 소리가 나.

 **큰 소리와 작은 소리의 차이는?**

용선생이 북을 정리하고는 말을 이었다.

"지난 시간에 높은 소리와 낮은 소리의 파동이 어떻게

다른지 파형을 보며 배웠던 거 기억나니?"

"네. 높은 소리는 진동수가 크고, 낮은 소리는 진동수가 작았어요."

"그렇지. 이번에는 큰 소리와 작은 소리의 파형을 보며 어떤 차이가 있는지 알아보자. 지난 시간처럼 소리굽쇠의 소리를 분석해 볼게."

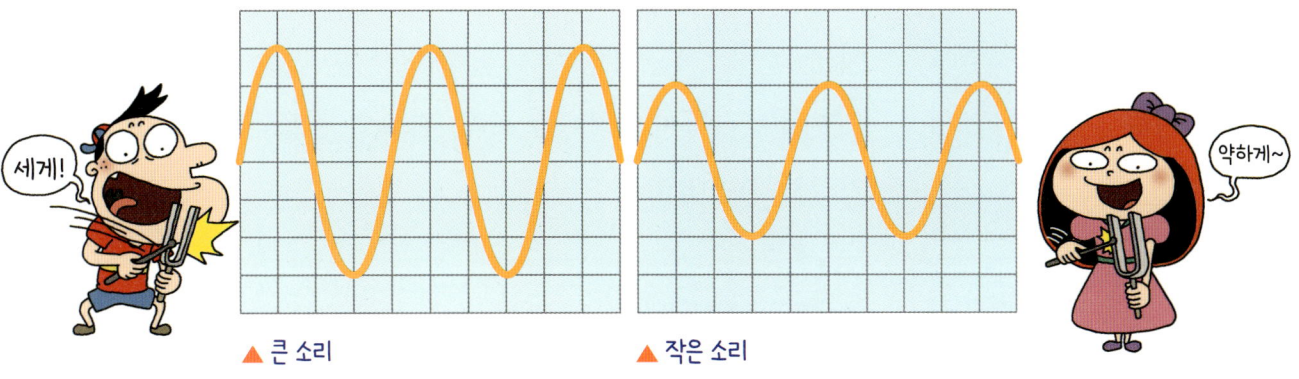

▲ 큰 소리  ▲ 작은 소리

"자, 왼쪽은 큰 소리의 파형이고, 오른쪽은 작은 소리의 파형이야. 이제 둘의 차이점을 찾아볼까?"

"왼쪽은 마루가 높고 오른쪽은 마루가 낮아요."

"맞아요. 골도 왼쪽이 더 깊어요."

"잘 찾았어. 두 파동은 마루의 높이와 골의 깊이가 달라. 여기서 파형을 설명할 때 사용하는 새로운 용어를 하나 알아보자. 진동 중심에서 마루까지의 거리, 또는 진동 중

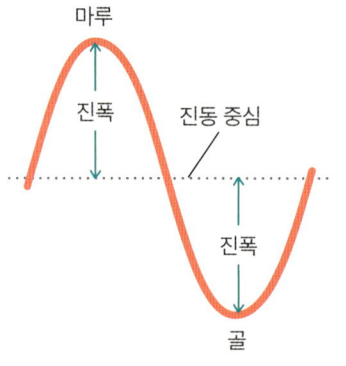

심에서 골까지의 거리를 '진폭'이라고 부른단다."

"그러면 왼쪽 파동의 진폭이 더 큰 거네요."

"그렇지. 큰 소리는 진폭이 크고, 작은 소리는 진폭이 작단다. 그러니까 소리의 세기는 음파의 진폭에 따라 달라지는 거야."

"아하! 진폭이 크면 큰 소리, 진폭이 작으면 작은 소리! 기억하기 쉽네요."

큰 소리는 진폭이 크고 작은 소리는 진폭이 작아.

 ## 소리의 세기를 숫자로 나타내

그때 곽두기가 갑자기 "아아아!" 하고 크게 소리 질렀다.

"야! 너 왜 그래?"

"내 소리의 진폭을 느껴 봐! 엄청나게 큰 진폭이 느껴지지 않아?"

"난 두기보다 더 큰 소리를 낼 수 있어! 아아아!"

장하다도 소리를 질렀다.

"어휴, 그래! 네 목소리가 더 크다!"

허영심이 귀를 막으며 말했다.

"글쎄, 나는 두기 목소리가 더 큰 것 같은데?"

나선애가 고개를 갸웃하며 말했다. 그 말을 들은 장하다가 흥분하며 말했다.

"선생님! 누구 목소리가 더 큰지 정확히 확인하는 방법은 없어요?"

"당연히 있지."

용선생은 서랍에서 마이크처럼 생긴 장치를 꺼냈다.

"그게 뭐예요?"

"이건 '소음계'야. 소음계를 이용하면 소리의 세기를 쉽게 측정할 수 있어."

장하다와 곽두기는 한 명씩 소음계의 마이크에 대고 소리를 질렀다.

"장하다는 62, 곽두기는 51이야."

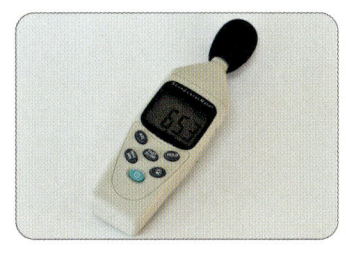

▲ 소음계

> **용선생의 과학 현미경**
>
> 소리의 세기를 나타내는 단위로 처음 사용된 것은 B(벨)이라는 단위야. 전화기를 발명한 알렉산더 벨의 이름을 딴 거지. 1 B은 10 dB에 해당해.

"10 dB보다 10배 센 소리는 20 dB이네!"

"거봐, 내가 더 크잖아! 어라? 그런데 이 기호는 뭐예요, 선생님?"

"숫자 뒤에 있는 dB(데시벨)은 소리의 세기를 나타내는 단위야. 우리 귀로 들을 수 있는 가장 작은 소리를 0 dB로 잡고, 소리가 10배 세질 때마다 10 dB씩 늘어나게 정했단다. 그러니까 0 dB보다 10배 센 소리는 10 dB이겠지?"

아이들이 고개를 끄덕였다.

"10 dB보다 10배 센 소리는 20 dB이야. 그러니까 20 dB은 0 dB보다 100배 더 센 소리이지."

"오호. 그러면 하다랑 두기 목소리는 11 dB 차이가 나니까 하다 목소리가 10배 정도 센 거네요."

"맞아. dB을 사용하면 아주 큰 소리도 숫자로 간단하게

▼ 소리의 세기

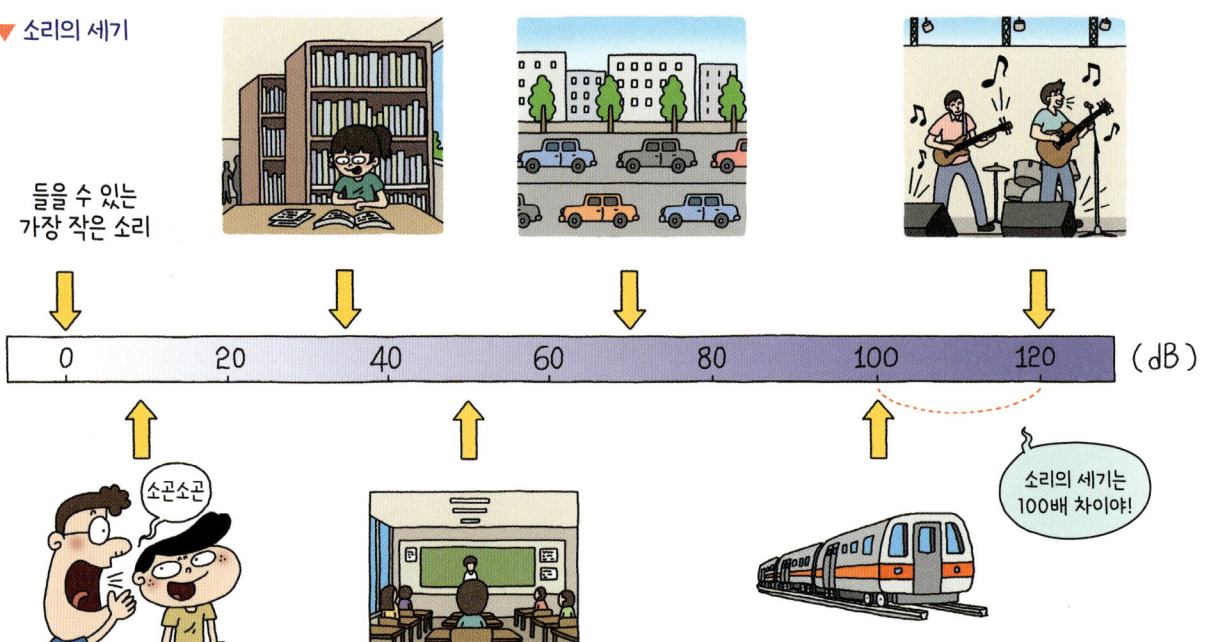

표현할 수 있어. 사람이 들을 수 있는 가장 작은 소리와 록 콘서트 소리의 세기는 실제로 1조 배나 차이가 나지만, dB을 쓰면 120 dB 차이가 되거든."

"어떻게 생각하면 복잡하지만, 또 어떻게 생각하면 간단하네요. 10 dB 커지면 실제로는 10배 센 소리다, 이 말이죠?"

나선애가 물었다.

"그렇지! 한 가지 더! 소리가 나오는 곳을 음원이라고 하는데, 소리의 세기는 음원과 거리가 멀수록 약해져. 같은 세기의 소리라도 멀리서는 더 작게 들리지. 그래서 소리의 세기를 잴 때는 음원으로부터 거리를 일정하게 해서 재야 한단다."

용선생의 말에 나선애가 고개를 끄덕이며 말했다.

"하긴, 두기가 바로 옆에서 소리를 지르면 시끄럽게 들리지만, 멀리서 소리를 지르면 별로 크게 들리지 않죠."

소리의 세기는 단위로 dB(데시벨)을 사용해. 10 dB이 커지면 10배 센 소리야.

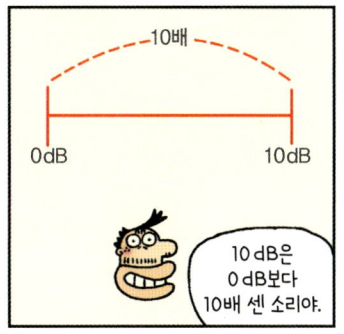

##  진동수도 진폭도 같지만 다른 소리

용선생의 설명이 끝나자 아이들이 소음계로 몰려들며 말했다.

"선생님, 저희도 목소리가 얼마나 큰지 소음계로 측정해 봐도 돼요?"

"그럼. 물론이지."

아이들은 한참 동안 소음계에 소리를 질러 댔다.

"선애야, 우리 목소리 세기가 똑같이 나왔어!"

허영심이 신이 나서 말했다.

"그러네. 우리 음높이도 맞춰 볼까?"

나선애와 허영심은 목소리의 높이와 세기를 같게 해 보려 애썼다.

"근데 아무리 목소리의 세기와 높이를 같게 내도 여전히 서로 목소리가 다르다. 그치?"

나선애가 말했다.

"그야 내 목소리가 원래 더 곱잖아."

허영심의 말에 나선애가 입을 삐죽거리며 용선생을 불렀다.

"선생님! 목소리의 세기와 높이를 같게 해도 영심이와 제 목소리가 달라요. 왜 그런 거예요?"

"소리의 세기는 진폭, 소리의 높낮이는 진동수에 따라 달라진다고 했지? 그런데 음파의 진폭과 진동수가 같아도 파형이 다르면 다른 목소리가 나."

"사람마다 목소리 파형이 달라요?"

"그래, 그래서 사람마다 목소리가 다른 거야. 악기도 그렇지. 악기의 파형을 한번 비교해 보자."

용선생은 악기들의 파형을 스크린에 띄웠다.

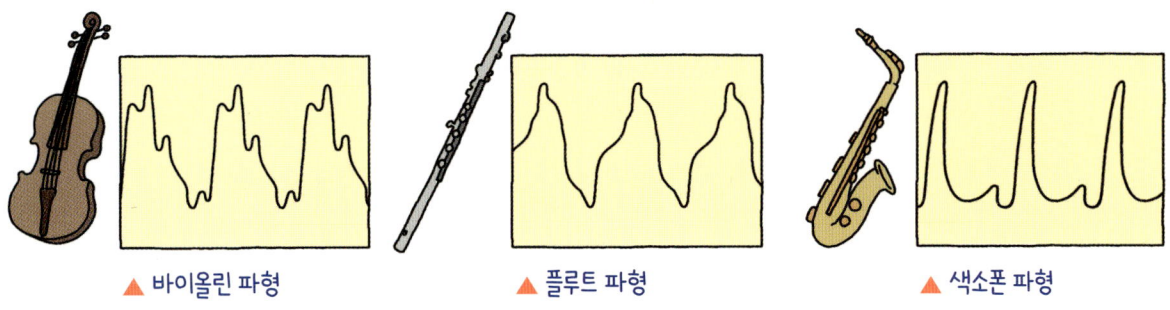

▲ 바이올린 파형　　▲ 플루트 파형　　▲ 색소폰 파형

"정말로 모양이 다 다르네요."

"그렇지? 파동의 진동수와 진폭이 같아도 파형이 다르면 우리 귀에 서로 다른 소리로 들려. 이렇게 소리의 파형이 달라 서로 구분되는 특징을 음색이라고 해. 피아노와 바이올린으로 같은 음인 '도'를 연주해도 음색이 달라서 두 소리를 구분할 수 있어."

용선생의 과학 현미경

소리의 높낮이, 소리의 세기, 음색을 소리의 3요소라고 해. 음색을 소리의 맵시라고도 하지.

"피아노와 바이올린은 생김새와 소리 나는 부분이 전혀 다르니까 음색이 다른 게 이해가 돼요. 그런데 사람마다 음색이 다른 건 왜 그래요? 모두 성대가 떨려서 소리가 나는 거잖아요."

"맞아요. 성대 모양은 다 비슷한 거 아니에요?"

"천만에! 사람마다 성대의 생김새와 크기가 달라. 마치 얼굴 모양과 지문이 사람마다 다른 것처럼 말이야. 그래서 목소리가 서로 다른 거란다."

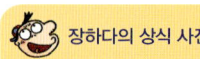

장하다의 상식 사전

지문 손가락 끝마디 안쪽 피부에 있는 무늬야.

"정말요? 그런데 목소리가 같을 때도 있어요. 저랑 우리 형 목소리는 구별이 안 된다고요."

장하다가 큰 소리로 말했다.

"하하! 가족끼리는 목소리가 비슷할 수도 있지. 하지만 목소리가 완전히 똑같은 사람은 세상에 없단다. 비슷하게 들리는 목소리도 컴퓨터로 분석하면 파형이 조금씩은 다른 모양이야."

"헉! 그럼 앞으로는 형인 척하며 장난 전화 같은 거 하면 안 되겠네요."

"어머? 목소리가 비슷하든 아니든 장난 전화 같은 건 원래 하면 안 되는 거야."

허영심이 눈을 흘기며 말했다.

"하하! 앞으로는 하다의 장난이 좀 줄어들면 좋겠구나. 오늘 수업은 여기까지!"

**핵심정리**

소리의 진동수와 진폭이 같아도 파형이 다르면 저마다 다르게 들려. 이것을 소리의 음색이 다르다고 말해.

# 나선애의 정리노트

## 1. 소리의 세기
① 소리의 크고 작은 정도
② ⓐ [　　] : 진동 중심에서 마루 또는 골까지의 거리
③ 큰 소리는 진폭이 크고, 작은 소리는 진폭이 작음.

▲ 큰 소리　　　　　▲ 작은 소리

## 2. dB(데시벨)
① 소리의 세기를 나타내는 단위
② 사람이 들을 수 있는 가장 작은 소리를 ⓑ [　] dB로 잡음.
③ 소리가 10배 커질 때마다 ⓒ [　] dB씩 늘어남.

## 3. 음색
① 소리의 ⓓ [　　] 이 달라 서로 구분되는 특징
② 소리의 높낮이와 세기가 같아도 음색이 다르면 다른 소리로 들림.

ⓐ 진폭 ⓑ 0 ⓒ 10 ⓓ 파형

 ## 과학퀴즈 달인을 찾아라!

●정답은 123쪽에

## 01

친구들이 이번 시간에 배운 내용에 대해 이야기하고 있어. 옳으면 O, 옳지 않으면 X를 표시해 줘.

① 큰 소리와 높은 소리는 같은 말이야. (　　)

② 진폭이 클수록 큰 소리야. (　　)

③ 진동수와 진폭이 같으면 항상 같은 소리로 들려. (　　)

## 02

장하다가 허영심을 만나러 가고 있어. 소리의 세기에 대한 설명 중 옳은 것을 따라가면 된대. 함께 길을 찾아보자.

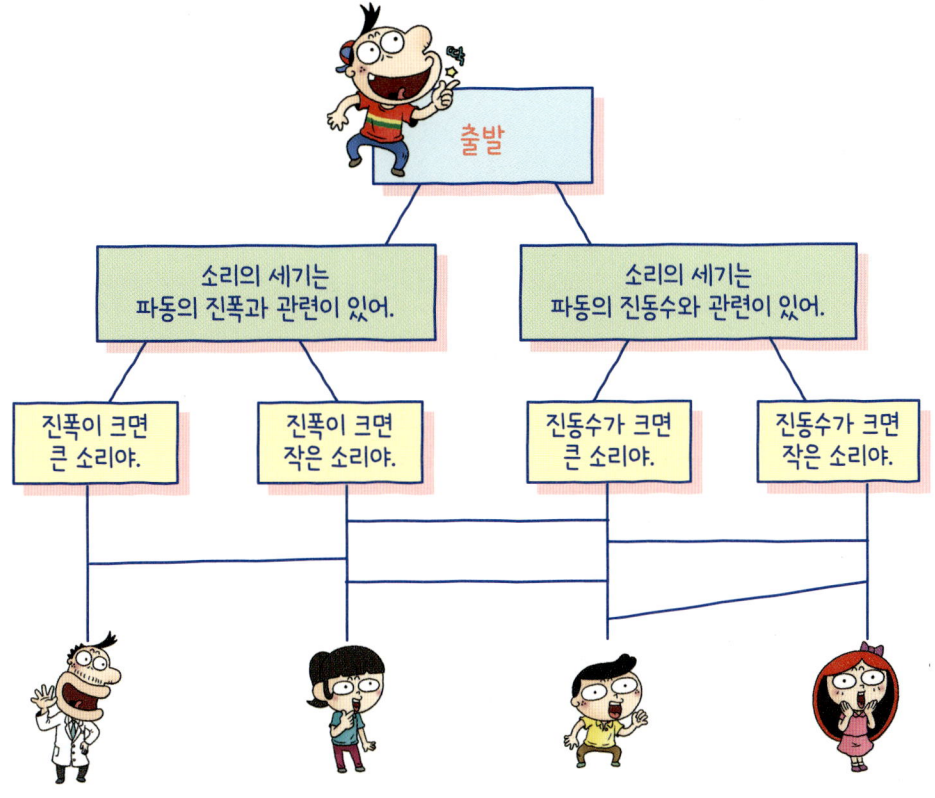

**4교시 | 악기의 원리**

# 악기로 높은 소리와 낮은 소리를 내려면?

와, 한번 연주해 보고 싶다.

"우리도 오케스트라 오디션 보는 게 어때?"

허영심이 포스터를 보며 말하자 장하다가 힘없이 대답했다.

"난 다룰 줄 아는 악기가 없어. 악기의 어느 부분에서 낮은 소리가 나고, 높은 소리가 나는지도 모르거든."

"하하, 그건 내가 도와줄게. 악기를 연주하지 않고도 어디에서 높은 소리가 나고 어디에서 낮은 소리가 나는지 알 수 있는 방법이 있단다."

용선생이 아이들에게 다가와 말했다.

"악기를 연주해 보지도 않고요?"

"그걸 어떻게 알아요?"

아이들이 놀란 눈으로 물었다.

"잠깐만 기다려 봐. 음악실에 다녀올게."

## 높은 소리와 낮은 소리가 나는 곳

용선생은 음악실에서 몇 가지 악기를 가져왔다. 먼저 하프를 가리키며 말했다.

"하프 연주해 본 적 있는 사람?"

아이들은 모두 고개를 저었다.

"다들 처음이구나. 그러면 하프에 대해서 먼저 알아보자. 하프 줄은 길이가 모두 달라. 이 줄을 현이라고 하고, 현으로 이루어진 악기를 현악기라고 부르지. 현악기는 현을 긁거나 튕겨서 소리를 내."

"그런데 하프는 왜 이렇게 현이 많아요?"

"현마다 다른 소리를 내야 하니까 그런거 아니에요? 피아노도 건반마다 다른 소리가 나잖아요."

"맞았어. 이건 수업을 위해 특별히 만든 하프야. 그래서 현의 재질과 굵기가 모두 같지. 그럼 어느 현에서 높은 소리가 날까? 긴 현? 아니면 짧은 현?"

아이들이 선뜻 대답하지 못하자 장하다가 손을 번쩍 들고 말했다.

"그냥 하프 소리를 직접 들어 보면 안 돼요?"

나선애가 "제가 소리를 내 볼게요!" 하며 나섰다.

▲ 하프

"길이가 제일 짧은 현에서 제일 높은 소리가 나는 것 같아요."

"제일 긴 현에서는 제일 낮은 소리가 나고요."

"맞아. 자, 다시 한번 소리를 내 보렴. 이번에는 소리를 낼 때 현의 움직임을 잘 관찰해 봐!"

아이들은 번갈아 하프를 연주했다.

"선생님, 짧은 현이 긴 현보다 더 빠르게 떨려요."

"그래, 잘 찾았어. 너희가 관찰한 대로 짧은 현이 긴 현보다 더 빠르게 진동한단다. 그렇다면 짧은 현과 긴 현 중 어느 쪽이 진동수가 더 클까?"

곽두기가 손을 번쩍 들고 말했다.

"짧은 현이요. 짧은 현이 더 빠르게 진동하니까 진동수가 더 커요."

"그렇지! 혹시 진동수와 소리의 높낮이에 대해 배운 것 기억나니?"

"그럼요. 진동수가 클수록 높은 소리가 난다는 거요?"

"어? 그러면 짧은 현은 빠르게 진동해서 높은 소리가 나는 거예요?"

"선애 말이 맞아. 다들 대단한걸? 이번엔 다른 악기를 살펴보자. 두드려서 소리를 내는 타악기와, 관에 공기를 불어서 소리를 내는 관악기를 보자고."

용선생은 실로폰과 팬 플루트를 교탁에 올렸다.

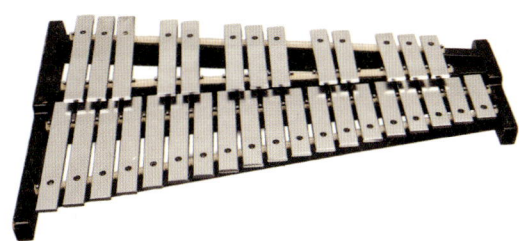
▲ 실로폰

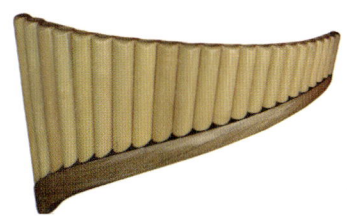
▲ 팬 플루트

"실로폰은 타악기, 팬 플루트는 관악기란다. 이 악기들은 과연 어디에서 높은 소리가 날까? 혹시 연주해 보기 전에 짐작할 수 있겠니?"

허영심이 얼른 나섰다.

"실로폰은 짧은 음판에서 높은 소리가 나요. 제가 많이

쳐 봐서 확실히 알아요."

"그래, 실로폰은 음판이 짧을수록 더 빠르게 떨린단다."

"하다 형, 짧을수록 높은 소리가 나니까 팬 플루트도 짧은 관에서 높은 소리가 나는 거 아닐까?"

"그럴 것 같긴 한데, 팬 플루트는 어느 부분이 떨리는지 모르겠어."

곽두기와 장하다의 대화에 용선생이 웃으며 말했다.

"팬 플루트는 관악기라고 했지? 입으로 관을 불 때 관 안에 있는 공기가 떨려서 소리를 내는 거야. 관이 짧으면 그 안에 있는 공기 기둥도 짧겠지?"

"오호, 그러면 팬 플루트도 역시 짧은 관에서 높은 소리가 날 것 같아요!"

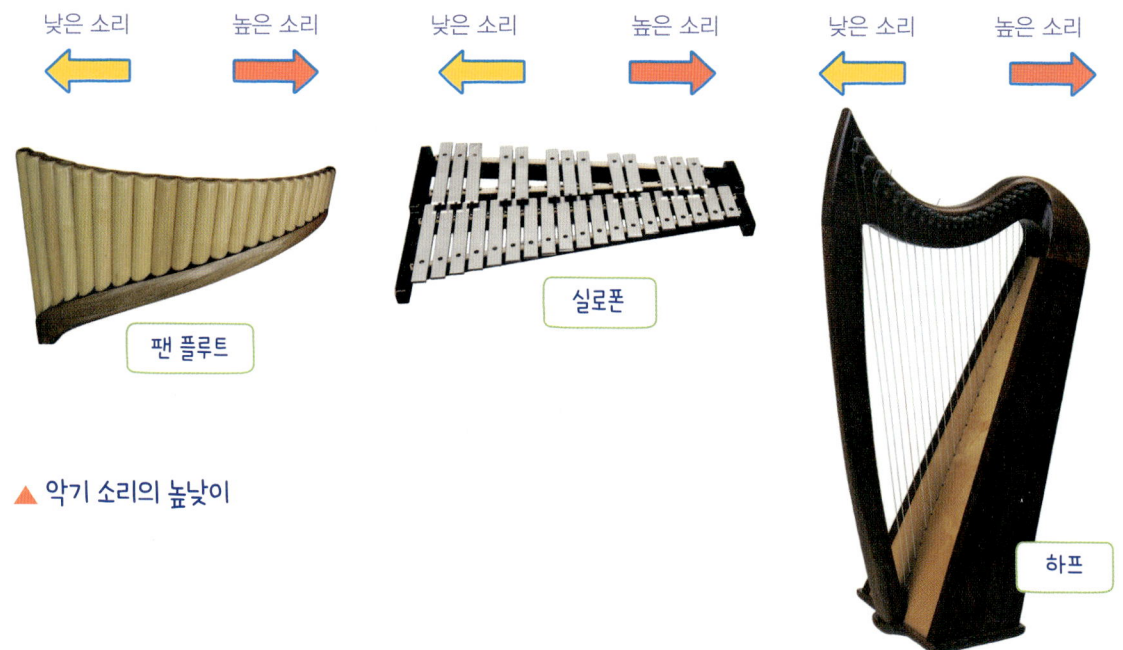

▲ 악기 소리의 높낮이

"직접 소리를 내서 확인해 보렴."

아이들은 실로폰과 팬 플루트로 소리를 냈다.

"와, 우리 예상이 맞았어요! 실로폰과 팬 플루트도 하프처럼 떨리는 부분이 짧을수록 높은 소리가 나요."

"맞아. 악기에서 떨리는 부분의 길이가 다르면 진동수가 다르고, 진동수에 따라 악기가 내는 소리의 높낮이도 달라지지."

"이야, 이제 악기 겉모습만 봐도 어디에서 높은 소리가 날지 바로 알 수 있을 것 같아요!"

**핵심정리**

악기는 진동하는 부분의 길이에 따라 소리의 높낮이가 달라. 진동하는 부분의 길이가 짧을수록 진동수가 커서 높은 소리가 나지.

 **네 개의 현으로 다양한 소리를 내려면?**

용선생은 바이올린을 들어 보이며 말했다.

"그러면 바이올린은 어디에서 높은 소리가 날까?"

"어라? 바이올린은 현의 길이가 똑같네."

▲ 바이올린의 현

"바이올린은 어디에서 높은 소리가 날지 모르겠어요."

"하하, 바이올린을 자세히 관찰하면 알 수 있을 거야."

아이들은 바이올린 가까이에 몰려들었다.

"자세히 보니 현이 조금씩 달라요!"

"정말 그러네요. 길이는 같은데 굵기가 다르네요."

"그래. 바이올린은 가는 현에서 높은 소리, 굵은 현에서 낮은 소리가 나지. 현이 가늘수록 더 빠르게 진동할 수 있으니까 말이야."

"그럼 바이올린은 현이 네 개니까 네 가지 높이의 소리만 나는 거예요?"

"하하, 많은 곡을 연주하려면 다양한 높낮이의 소리가 나야겠지? 바이올린을 연주하는 모습을 보고 소리의 높낮이를 어떻게 조절하는지 찾아봐."

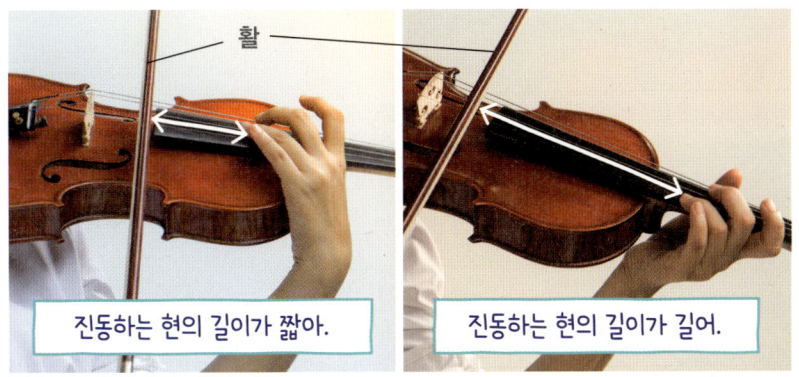

▲ 높은 소리  ▲ 낮은 소리

"어? 왼손으로 현 여기저기를 누르는 것 같아요."

"그렇지. 한 손으로는 활을 현에 비벼서 현이 떨리게 만들고, 다른 손으로는 현을 눌러. 손가락으로 현을 누르는 위치에 따라 진동하는 현의 길이가 달라지는 거란다. 진동하는 현의 길이가 짧을수록 높은 소리가 나지."

"그러면 현이 네 개만 있어도 여러 높낮이의 소리를 낼 수 있겠네요."

"그래. 바이올린은 현의 굵기에 따라 소리의 높낮이가 달라지고, 같은 현이라도 현이 진동하는 길이를 다르게 해서 다양한 높낮이의 소리를 낸단다."

 핵심정리

바이올린의 현은 길이는 같지만 굵기가 달라. 가는 현은 높은 소리, 굵은 현은 낮은 소리를 내. 또, 손가락으로 현을 누르는 위치에 따라 현이 진동하는 길이가 달라져 다양한 높이의 소리를 내지.

바이올린

비올라

용선생은 아이들에게 새로운 악기 하나를 보여 줬다.

"얘들아, 혹시 이 악기가 뭔지 아니?"

"엥? 바이올린이랑 똑같이 생겼는데 좀 더 크네요. 이런 악기가 있었어요?"

"이건 비올라라고 해. 바이올린과 이름도 비슷하지?"

"현의 개수도 같고 정말 똑 닮았어요. 그럼 소리도 비슷한가요?"

"글쎄, 너희들 생각은 어떤데?"

"악기가 크면 현도 길어지니까 비올라에서 더 낮은 소리가 날 것 같아요."

왕수재가 재빨리 대답했다.

"그래, 맞아. 비올라는 바이올린보다 커서 현이 더 길지. 그래서 진동수가 더 작아 바이올린보다 낮은 소리가 난단다. 오케스트라를 구성하는 악기 중에는 이렇게 서로 닮았지만 크기가 다른 악기들이 많아."

용선생은 화면에 사진을 띄웠다.

▲ 다양한 악기로 구성된 오케스트라

"와, 악기 연주자가 엄청 많아요!"

아이들이 화면 앞으로 몰려들었다.

"오케스트라에서는 다양한 악기를 사용해. 바이올린 같은 현악기는 주로 무대 앞쪽에 자리하지."

"비올라 말고도 바이올린을 닮은 악기가 또 있네요?"

"그렇지, 첼로와 더블베이스라고 하는 악기란다."

"첼로와 더블베이스는 비올라보다도 훨씬 커 보여요. 그럼 더 낮은 소리가 나는 거예요?"

나선애가 호기심 가득한 목소리로 물었다.

▲ 현악기의 크기 비교

**곽두기의 낱말 사전**

음역 소리 음(音) 구역 역(域). 사람의 목소리나 악기가 낼 수 있는 가장 낮은 소리부터 가장 높은 소리까지의 범위를 말해. 음역대라고도 해.

"후후, 차근차근 살펴보자. 악기는 저마다 낼 수 있는 소리의 진동수 범위가 정해져 있어. 그러니까 악기마다 낼 수 있는 제일 낮은 소리부터 제일 높은 소리까지가 정해져 있다는 거야. 이렇게 악기가 낼 수 있는 소리의 높낮이 범위를 음역이라고 해. 악기마다 음역이 다른데, 일반적으로 악기가 커질수록 음역이 낮아지지."

"얼마나 낮은데요?"

용선생은 새로운 화면을 띄웠다.

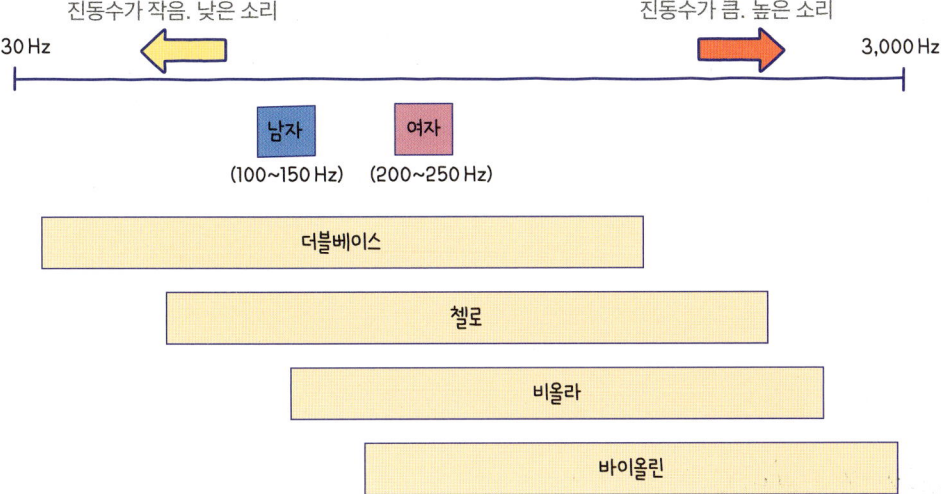

▲ 현악기와 사람의 음역 비교

"오, 짐작한 대로 더블베이스, 첼로, 비올라, 바이올린으로 갈수록 높은 소리를 낼 수 있군요!"

"그래. 사람과 악기의 음역을 비교해 보면 더 잘 알 수 있어. 보통 성인 남자 목소리의 진동수가 100~150 Hz인데, 더블베이스는 30~40 Hz 정도의 낮은 소리도 낼 수 있어. 또, 성인 여자 목소리의 진동수는 200~250 Hz인데, 바이올린은 3,000 Hz가 넘는 높은 소리도 낼 수 있지."

"우아! 바이올린은 사람보다 10배 이상이나 큰 진동수의 소리를 낼 수 있군요."

"그래. 이렇게 음역이 다른 현악기들을 함께 연주하면 사람이 내지 못하는 낮은 소리부터 높은 소리까지 다양한 소리를 낼 수 있단다."

그러자 허영심이 손을 들고 물었다.

"오케스트라에 관악기도 여러 종류가 있던데요. 관악기들도 크기에 따라 소리의 높낮이가 다른가요?"

"그렇단다. 악기 사진을 함께 볼까?"

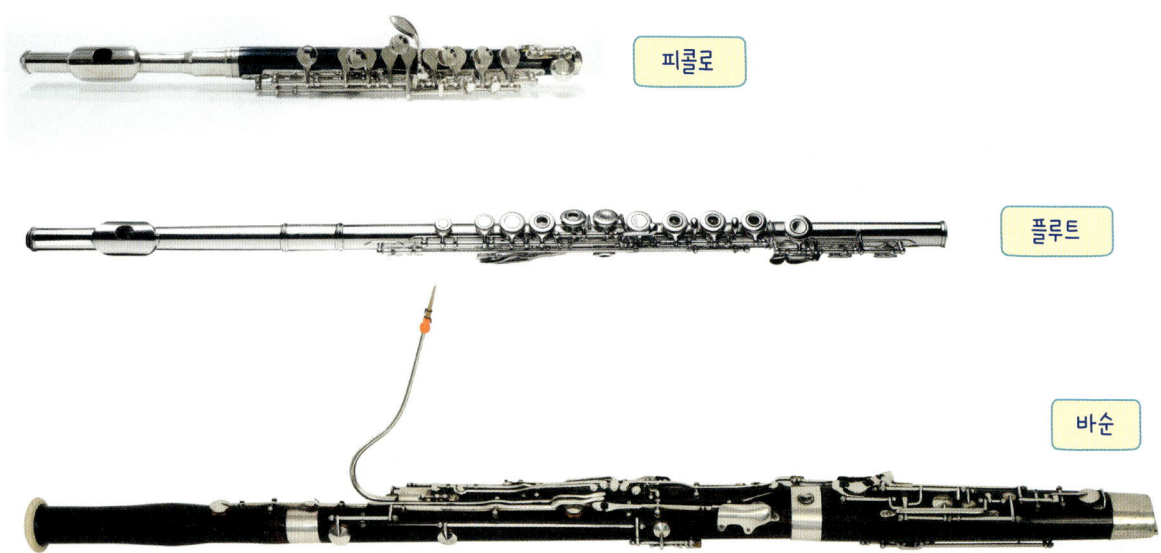

▲ 관악기의 길이 비교

"아하, 길이가 가장 짧은 피콜로가 가장 높은 소리를 낼 것 같아요."

"가장 낮은 소리를 내는 관악기는 제가 맞혀 볼게요. 바로 바순이에요."

"하하, 맞았어. 이제 다들 악기 겉모습만 보고도 어떤 악기가 높은 소리를 낼지, 어떤 악기가 낮은 소리를 낼지 알 수 있겠지?"

장하다가 허영심에게 말했다.

"헤헤, 이제 악기의 원리를 알았으니 오케스트라에 지원할 수 있겠지?"

"오, 장하다. 너 악기 연주할 수 있겠어?"

장하다는 고개를 저으며 용선생을 쳐다보았다.

"선생님, 악기 연주하는 법은 언제 알려 주실 거예요?"

그러자 용선생이 꽁무니를 빼며 말했다.

"난 연주하는 법 알려 준다고 한 적 없어. 그저 악기에서 높은 소리와 낮은 소리가 나는 곳을 알 수 있게 해 준다고 했지."

"으아, 속았다!"

아이들은 장하다를 보며 깔깔 웃었다.

**핵심정리**

악기가 낼 수 있는 소리의 높낮이 범위를 음역이라고 해. 악기는 크기에 따라서 음역이 달라. 악기가 클수록 음역이 낮고, 악기가 작을수록 음역이 높지.

# 나선애의 정리노트

### 1. 악기 소리의 높낮이
① 진동하는 부분의 길이가 짧을수록 ⓐ _____ 소리가 남.
② 진동하는 부분의 길이가 길수록 ⓑ _____ 소리가 남.

### 2. 현악기 소리의 높낮이를 바꾸는 방법
① 현의 길이나 ⓒ _____ 를 다르게 만듦.
② 손가락으로 현을 누르는 위치를 달리하여 현이 진동하는 ⓓ _____ 를 다르게 함.

### 3. ⓔ _____
① 사람이나 악기가 낼 수 있는 제일 낮은 소리부터 제일 높은 소리까지의 범위
② 악기가 클수록 음역이 낮고, 악기가 작을수록 음역이 높음.

ⓐ 높은 ⓑ 낮은 ⓒ 굵기 ⓓ 길이 ⓔ 음역

# 과학퀴즈 달인을 찾아라!

● 정답은 123쪽에

## 01

친구들이 이번 시간에 배운 내용에 대해 이야기하고 있어. 옳으면 O, 옳지 않으면 X를 표시해 줘.

① 하프에서 짧은 줄보다 긴 줄을 튕겨야 낮은 소리가 나. (     )

② 바이올린은 현을 누르는 위치를 바꿔서 소리의 높낮이를 조절해. (     )

③ 비올라보다 첼로의 음역이 더 높아. (     )

## 02

허영심이 음악회에 가고 있어. 갈림길에 있는 두 악기 중 더 높은 소리를 낼 수 있는 악기를 따라가면 빨리 도착할 수 있대. 함께 길을 찾아보자.

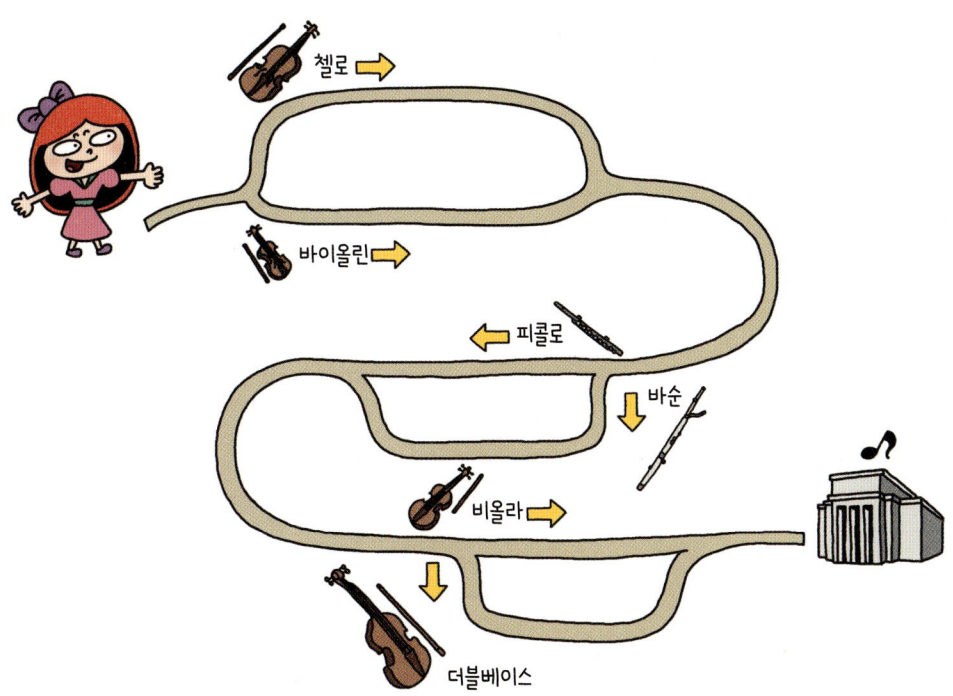

| 용선생의 과학 카페 | 용선생의 한국사 카페 | 용선생의 세계사 카페 |

 https://cafe.naver.com/yongyong

## 용선생의 과학 카페

과학계의 핵인싸,
용선생의 과학 카페에
오신 걸 환영합니다.

[ Log in ]

**MENU**
물리면 아프다
화학이 화하하
생물 오징어
지구는 둥글다

## 사이렌 소리가 다르게 들리는 까닭은?

**삐뽀삐뽀.** 구급차의 사이렌 소리를 들어 본 적 있니? 구급차가 정지해 있을 때에는 사람이 구급차 앞에 있으나 뒤에 있으나 같은 높이의 소리로 들려. 그런데 구급차가 우리에게 다가올 때에는 높은 소리로 들렸다가, 우리에게서 멀어질 때에는 낮은 소리로 들린단다. 구급차는 계속 같은 소리를 내는데 말이야. 왜 그럴까? 소금쟁이가 만드는 물결파를 통해 그 원리를 알아보자.

물 위에 떠 있는 소금쟁이가 제자리에서 물장구를 치고 있어. 이때 소금쟁이가 만든 물결파는 소금쟁이를 중심으로 원을 그리며 퍼져 나가. 그럼 아래와 같은 파동이 생기지.

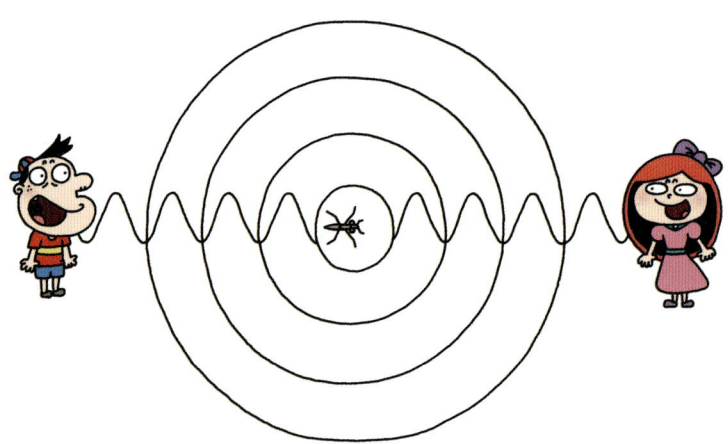

 소금쟁이가 정지해 있을 때 생기는 물결파

이번에는 소금쟁이가 움직이고 있어. 이때 소금쟁이가 향하는 쪽은 마루와 마루 사이의 간격이 짧아서 같은 시간 동안 파동이 더 많이 지나가고, 반대쪽은 마루와 마루 사이의 간격이 길어서 파동이 더 조금 지나가. 즉, 소금쟁이가 다가오는 쪽은 진동수가 커지고, 멀어지는 쪽은 진동수가 작아지는 거야.

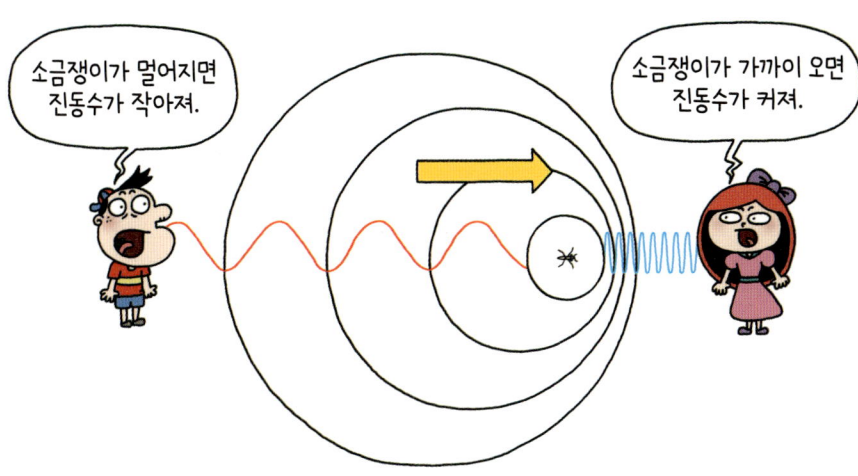

▲ 소금쟁이가 이동할 때 생기는 물결파

장하다의 오답을 피하는 방법
나선애의 야무진 실험실
왕수재의 아는 척 과학교실
허영심의 별 헤는 밤
곽두기의 빅뱅 따라잡기

구급차의 사이렌 소리도 마찬가지야. 구급차가 가까이 다가올 때에는 사이렌 소리의 진동수가 커져서 높은 소리로 들리고, 구급차가 멀어질 때에는 사이렌 소리의 진동수가 작아져서 낮은 소리로 들려. 이런 현상을 도플러 효과라고 해. 앞으로 구급차 사이렌 소리가 들리면 눈을 감고 잘 들어 봐. 소리가 점점 높아지는지 낮아지는지 들어 보면 구급차가 다가오는지 멀어지는지 알 수 있을 거야.

## COMMENTS

높은 소리가 안 될 땐 뛰어오면서 노래해야겠어!
ㄴ 난 낮은 소리가 안 되니까 멀어지면서 해야지!
ㄴ 만날 수 없는 환상의 콤비로군.

### 5교시 | 소리의 전달

# 벽에서 소리가 들린다고?

벽에 귀를 대면 옆 교실 소리가 들려.

어떻게 소리가 벽에서 나지?

운동장에서 축구 경기를 응원하는 소리가 크게 들려왔다.

"어휴, 시끄러워."

나선애가 창문을 닫자 과학실이 조용해졌다. 잠시 후, 과학실 천장에서 쿵쿵거리는 소리가 들렸다.

"으악! 이번엔 위에서 시끄럽게 하네."

나선애가 귀를 틀어막았다.

"그러고 보니 집에 있을 때에도 위층에서 뛰는 소리가 자주 들렸던 것 같아."

"맞아, 맞아. 벽이 저렇게 두꺼운데 어떻게 여기까지 소리가 들리는 걸까?"

"선생님 오시면 여쭤보자!"

때마침 용선생이 과학실에 들어왔다.

## 위층 소리를 전달하는 것은?

용선생은 아이들의 얘기를 듣고 빙긋 웃으며 말했다.

"위층 소리가 어떻게 과학실로 전달되었는지 궁금한 거구나?"

"네. 문과 창문 모두 닫혀 있는데 어떻게 소리가 들리죠?"

"사실 아주 간단해. 다들 벽에 붙어서 귀를 대 보렴."

아이들은 교실 벽에 귀를 대고 조용히 집중했다.

"오, 벽에서 소리가 나요."

"그래. 위층 소리는 벽이나 천장을 통해서 들리는 거야."

그러자 나선애가 손을 번쩍 들었다.

"근데 소리를 전달하는 건 공기라면서요?"

"맞아. 소리는 주로 공기가 진동하면서 전달돼. 근데 기체인 공기뿐만 아니라 고체나 액체도 진동해서 소리를 전달할 수 있어."

"아하! 그래서 고체인 벽을 통해서도 소리가 들리는군요."

"그렇지. 너희들 실 전화기를 만들어 본 적 있지? 실 전화기에서는 실을 통해 소리가 전달되잖아. 이렇게 벽은 물론이고 실 같은 고체도 소리를 전달하는 매질이 될 수 있

▲ 실 전화기

땅을 통해서 사냥감의 소리를 들을 수 있어.

단다."

"그래서 집에서 뛰어놀면 아래층에서 시끄럽다고 하는 거였군요. 바닥을 통해 소리가 전달돼서요."

장하다가 고개를 끄덕이며 말했다.

"그렇지. 그러니까 앞으로는 층간 소음을 일으키지 않도록 살살 걸으렴."

아이들이 "네!" 하고 대답하는데, 왕수재가 손을 들고 물었다.

"선생님! 아까 액체도 소리를 전달한다고 하셨죠?"

"그래. 액체인 물도 소리를 전달할 수 있단다."

"그럼 물속에서도 소리가 전달돼요?"

"물론이야. 혹시 수중 발레 선수들이 물속에서 연기하

▼ 수중 발레 선수들이 물속에서도 음악에 맞춰 연기하고 있어.

는 것을 본 적이 있니? 선수들은 물속에서도 음악에 맞춰 정확하게 움직여. 그건 물속에 있는 스피커에서 나온 음악이 물을 통해 전달돼서 들리기 때문이야."

"물속에 들어가면 물 밖의 소리가 안 들려서 조용하다고만 생각했는데, 제가 잘못 알고 있었네요."

"그러면요, 전에 돌고래가 초음파로 대화한다고 하셨는데 그것도 물속에서 소리가 오가는 건가요?"

나선애가 노트를 뒤적이며 말했다.

"맞아. 돌고래들은 물속에서 소리를 주고받지. 이렇듯 소리는 공기 같은 기체는 물론이고 고체와 액체를 통해서도 전달된단다."

▲ 돌고래들은 물속에서 소리를 주고받아.

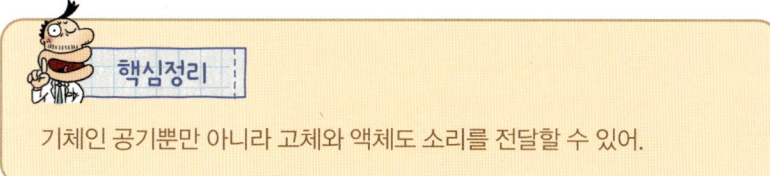

핵심정리

기체인 공기뿐만 아니라 고체와 액체도 소리를 전달할 수 있어.

용선생의 시끌벅적 **과학교실** 91

## 용선생의 과학 현미경

### 소리의 빠르기는 어디에서나 같을까?

소리는 얼마나 빨리 전달될까? 공기 중에서 소리는 1초 동안 340 m를 이동할 수 있어. 지구 한 바퀴가 약 40,000 km이니까, 만약 내가 낸 소리가 공기를 타고 지구 한 바퀴를 돈다면 32시간 40분 정도가 걸릴 거야. 그런데 소리가 공기 대신 철길을 통해 지구 한 바퀴를 돈다면 2시간 13분 정도밖에 걸리지 않아. 왜냐고? 소리는 기체인 공기보다 고체인 철에서 더 빠르게 전달되거든.

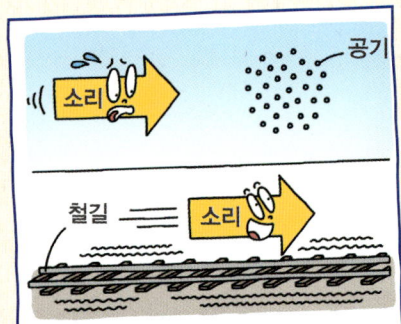

소리는 매질에 따라 빠르기가 달라져. 고체에서 가장 빠르고 액체, 기체 순이지. 왜 그럴까? 고체, 액체, 기체는 모두 알갱이로 되어 있는데, 알갱이 사이의 거리가 모두 달라. 고체는 알갱이들이 촘촘히 늘어서 있어서 진동을 빠르게 전달하지만, 기체는 알갱이들이 멀리 퍼져 있어서 진동을 전달하려면 한참 걸리지. 그래서 소리의 빠르기는 고체에서 가장 크단다.

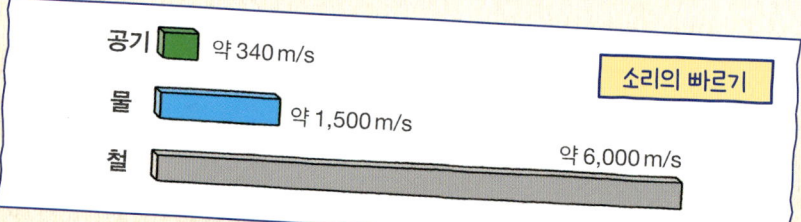

소리의 빠르기
- 공기 약 340 m/s
- 물 약 1,500 m/s
- 철 약 6,000 m/s

고체

액체

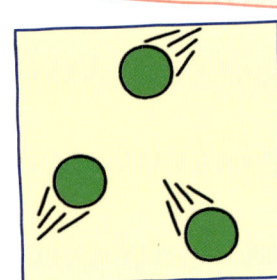
기체

 ## 만약 공기가 없어진다면?

그때 허영심이 고개를 갸웃거리며 말했다.

"창문도 고체니까 소리를 전달할 수 있잖아요. 창문을 닫으면 어째서 운동장에서 나는 소리가 안 들리죠?"

"좋은 질문이야. 그건 지금부터 간단한 실험을 하면서 알아보자."

용선생은 과학실 선반에서 유리통과 스피커를 꺼냈다.

"유리통 속에 넣은 스피커에서 음악이 나오고 있어. 이제 유리통에 뚜껑을 닫으면 음악이 들릴까, 안 들릴까?"

"당연히 들리겠죠. 고체인 유리가 소리를 전달할 테니까요."

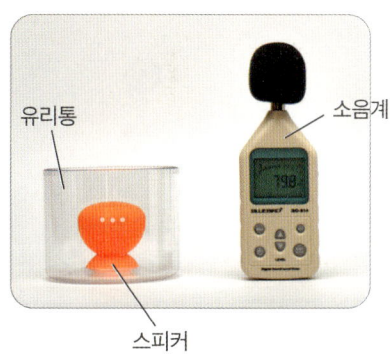

"안 들릴 것 같아요. 창문 밖 운동장 소리가 잘 안 들리는 것처럼요."

용선생이 유리통 뚜껑을 닫았다.

"어, 소리가 들리는데요?"

"소리가 조금 작아지긴 했지만, 여전히 들려요."

"그래. 소리는 통 속의 공기, 유리, 통 밖의 공기를 통해 우리한테 전해져. 소리를 전달해 주는 매질이 공기, 유리, 공기 순서로 바뀌는 거야. 고체인 유리도 소리를 전달하니

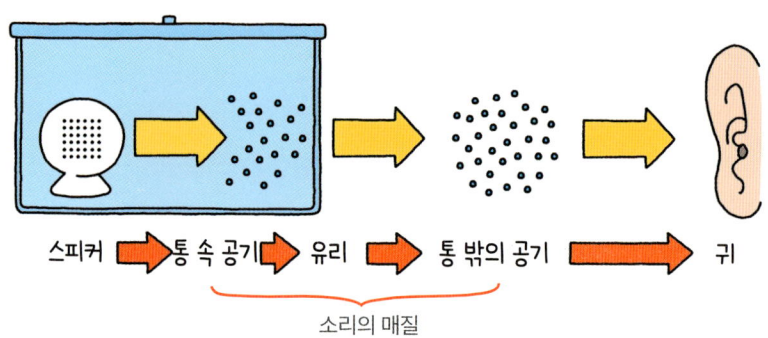

소리의 매질

유리통 속의 공기를 빼내.

까 유리통 뚜껑을 닫아도 여전히 소리가 들리는 거야."

"오호, 소리가 여러 매질을 통해서 전달되는군요."

"그렇지. 자, 이번에는 유리통 안에 있는 공기를 빼낼 거야. 소리의 세기가 어떻게 달라지는지 잘 들어 보렴."

용선생은 펌프 장치로 유리통 속의 공기를 빼냈다.

"우아! 소리가 아주 작아졌어요!"

"어떻게 된 거예요?"

"통 속의 공기를 빼내 첫 번째 매질인 공기가 줄어들면서 소리도 작아진 거야. 만약 통 속의 공기를 모조리 빼내면 어떻게 될까?"

"공기가 없어지면 매질이 없어지는 거니까 소리가 전달되지 않을 거예요!"

왕수재가 대답하자 용선생이 엄지를 세워 보였다.

"맞아. 어떤 공간에 공기가 없는 걸 진공이라고 해. 진공

**나선애의 과학 사전**

**진공** 참 진(眞) 빌 공(空). 어떤 공간에 아무것도 없는 걸 말해. 눈에 보이는 물질은 물론이고 눈에 보이지 않는 공기조차 없는 상태야. 하지만 완벽한 진공 상태는 거의 불가능해. 그래서 보통은 공기가 거의 없는 상태를 진공이라고 부르지.

상태에서는 진동을 전달할 물질이 없어서 소리가 전달되지 않는단다. 우주를 배경으로 한 영화를 보면 우주 공간은 아무 소리 없이 조용하지? 우주 공간이 진공 상태여서 소리가 전달되지 않기 때문이야."

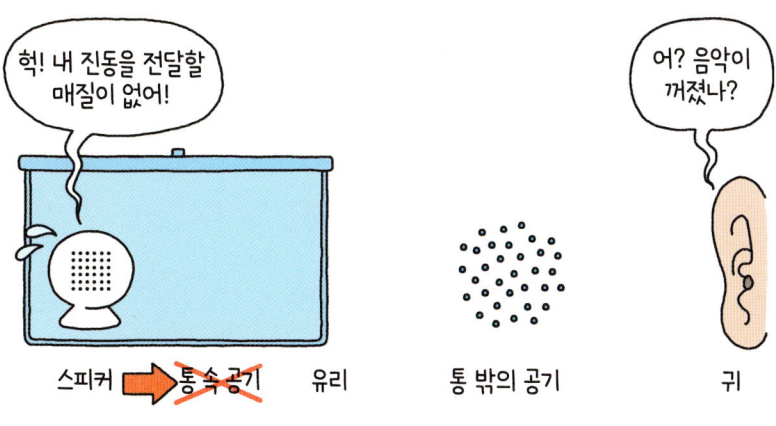

"아하, 그렇군요. 그럼 혹시 창문을 닫으면 소리가 안 들리는 게 진공이랑 관련이 있나요?"

"바로 그거야! 두꺼워 보이는 창문의 유리는 사실 유리 두 장으로 되어 있어. 유리와 유리 사이는 진공에 가까운 상태라 소리가 이곳에 도달하면 더 이상 전달되지 않는 거지."

"아, 진공을 이용해서 소리

▲ 창문의 구조

가 전달되는 걸 막는 거네요."

그때 장하다가 물었다.

"건물 위층과 아래층 사이에도 진공을 만들 수 있나요?"

진공 상태처럼 진동을 전달할 매질이 없을 때에는 소리가 전달되지 않아.

 소리를 줄이는 또 다른 방법은?

"하하, 층간 소음을 줄이고 싶어서 그러는구나? 현실적으로 건물의 벽과 벽 사이를 진공 상태로 만드는 건 힘들지. 대신 다른 방법을 써서 소리를 줄일 수 있어."

"어떤 방법인가요?"

"소리를 잘 전달하지 않는 물질을 이용하는 거야. 보통 악기를 연주하는 연주실에는 벽에 소리를 잘 전달하지 않는 물질을 붙여 놔. 그래서 악기를 연주해도 소리가 벽을 통해 다른 곳으로 전달되지 않는단다. 바닥에 이런 물질을 깔면 층간 소음이 전달되는 것을 어느 정도 막을 수 있지."

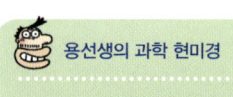

표면이 거친 물질이나 작은 구멍이 많은 스타이로폼 등은 소리를 잘 전달하지 않아.

스타이로폼

▲ 층간 소음 방지 매트

그때, 위층에서 다시 쿵쿵대는 소리가 들렸다.

"어휴, 지금 바로 위층에 올라가 저런 걸 깔아 줄 수도 없고. 소음을 줄일 수 있는 다른 방법은 없나요?"

"흠, 사실 더 간단한 방법이 있긴 해."

"정말요? 뭔데요?"

"소리의 세기를 줄이는 거야."

"아하, 위층에서 소리를 작게 내면 된다는 거죠?"

"그렇지."

"좋았어. 애들아, 위층에 가서 조용히 해달라고 말하자."

"하하, 좋은 생각이구나. 그럼 오늘 수업은 여기서 끝!"

**핵심정리**

소리가 잘 전달되지 않는 물질을 이용하거나 소리의 세기를 줄이면 소음을 줄일 수 있어.

 나선애의 정리노트

## 1. 소리를 전달하는 매질
① 기체인 ⓐ [    ]는 우리가 듣는 대부분의 소리를 전달함.
② 벽, 실, 컵과 같은 딱딱한 ⓑ [    ]도 소리를 전달함.
③ 물과 같은 액체도 소리를 전달함.
④ 매질이 없는 ⓒ [    ]에서는 소리가 전달되지 않음.

> 헉! 내 진동을 전달할 매질이 없어!

> 어? 음악이 꺼졌나?

스피커 ➡ 통 속 공기(X)   유리   통 밖의 공기   귀

## 2. 소리를 줄이는 방법
① 소리를 잘 전달하지 않는 물질을 씀.
② 소리의 ⓓ [    ]를 줄임.

ⓐ 공기 ⓑ 고체 ⓒ 진공 ⓓ 세기

# 과학퀴즈 달인을 찾아라!

●정답은 123쪽에

## 01

친구들이 이번 시간에 배운 내용에 대해 이야기하고 있어. 옳으면 O, 옳지 않으면 X를 표시해 줘.

① 소리를 전달할 수 있는 건 공기뿐이야. (   )
② 위층 소리는 천장이나 벽을 타고 아래층으로 전달돼. (   )
③ 진공에서는 아무 소리도 들리지 않아. (   )

## 02

나선애가 과학실로 들어가려는데, 왕수재가 길을 막고 암호를 말하라고 하네. 암호는 힌트 속 ○에 들어갈 글자를 이어서 만들면 된대. 우리도 암호를 찾아보자.

힌트 1  어떤 공간에 공기가 없는 걸 진○이라고 해.

힌트 2  진○을 전달할 매질이 없으면 소리가 전달되지 않아.

힌트 3  소리는 기체, 액체, 고○를 통해 전달될 수 있어.

👍 알았다! 암호는 □□□ 야!

**6교시 | 소리의 반사**

# 메아리는 어떻게 생길까?

'야호' 메아리가 들린다!

메아리는 왜 생기는 걸까?

**교과연계**

초 **3-2** 소리의 성질
중 **1** 빛과 파동

메아리가 생기는 이유가 궁금하니?

"수재 형, 나 어제 아빠 따라서 산에 갔다 왔어. 그런데 어른들은 왜 산에만 가면 소리를 지를까?"

곽두기가 하품을 하며 말했다.

"메아리를 들으려고 그러시겠지."

"메아리? 메아리는 왜 생기는 거야?"

"흠, 그건 소리가……."

왕수재가 우물쭈물하는 사이 용선생이 다가왔다.

"메아리에 대해서 함께 알아볼까?"

 ## 소리가 벽에 부딪히면?

용선생은 아이들이 자리에 앉기를 기다렸다가 말했다.

"메아리는 사람들이 외친 소리가 맞은편 산에 부딪혔다

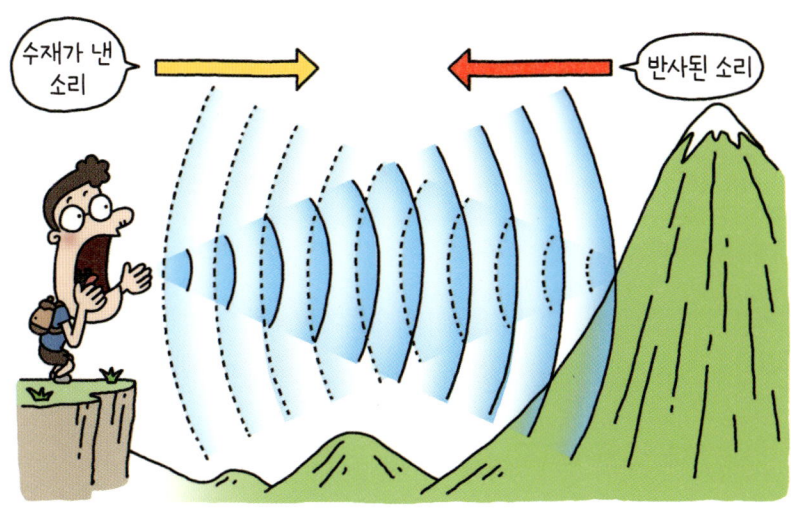

가 되돌아오는 소리야."

"소리가 되돌아와요?"

"응. 소리는 파동이라고 했지? 파동은 주위로 퍼져 나가다가 물체에 부딪히면 되돌아오는데, 이걸 '반사'라고 해. 메아리는 '야호!' 하고 외친 소리가 주변 산에 부딪혀 반사되어 온 소리지. 특히 반사는 매끄럽고 단단한 표면에서 잘 일어난단다. 산에 있는 절벽처럼 말이야."

그러자 갑자기 장하다가 과학실 벽에 대고 '야호!' 하고 소리를 질렀다.

"어휴, 시끄러워! 지금 뭐하는 거야?"

"소리가 반사된다고 해서 실험해 본 거야."

"메아리 같은 거 안 들려. 네가 내는 소리만 시끄럽게 들린다고."

허영심의 잔소리에 장하다는 얼굴을 찡그리며 말했다.

"쳇. 선생님, 소리가 반사된다는 게 확실한가요?"

"하하, 물론이야. 과학실은 소리가 반사되어 돌아오는 걸 확인하기에 좋은 공간은 아니야. 아마도 너희들 체육관에서 소리의 반사를 경험해 봤을 것 같은데?"

"네? 체육관이요?"

"기억을 잘 더듬어 봐. 체육관에서는 소리가 평소와 좀 다르게 들리지 않았니?"

"음, 그러고 보니 체육관에서는 공 튕기는 소리나 선생님 말씀이 잘 들렸어요. 운동장에서는 공 튕기는 소리도 잘 안 들리고, 체육 선생님이 멀리서 말씀하시면 잘 들리지 않았는데 말이에요."

"맞아요. 체육관은 소리가 왕왕 울리는 것 같았어요."

"그게 다 소리의 반사 때문이란다. 직접 내는 소리와 벽

▲ 운동장

▲ 체육관

에 부딪혀서 반사되는 소리가 함께 들려서 더 크게 들리는 거지."

"그럼 과학실에서는 왜 체육관처럼 소리가 크게 들리지 않죠? 여기도 사방이 벽이라서 소리가 반사될 수 있을 텐데요."

"과학실과 체육관의 차이점을 생각해 보렴. 어떤 점이 다른 것 같니?"

"음, 일단 체육관에는 책상이 없어요. 텅 비어 있죠."

"아! 근데 과학실에는 책상, 의자부터 실험대에 있는 기구들까지 물건이 아주 많아요!"

"바로 그거야. 체육관에는 물건이 별로 없어서 대부분의 소리가 벽에 부딪혀서 반사돼. 하지만 과학실처럼 물건이 많은 곳에서는, 소리가 벽뿐만 아니라 여러 물건에 부딪혀서 반사되지."

▲ 텅 빈 체육관

▲ 물건으로 가득한 과학실

"반사될 곳이 많으면 소리가 더 잘 들려야죠!"

"하하, 그렇지 않아. 다양한 모양으로 생긴 물건에 소리가 부딪히면 여러 방향으로 반사되어 제각각 흩어진단다. 그러니 반사되는 소리가 거의 들리지 않아."

"아하, 이제 알겠어요. 이사할 때 텅 빈 집에서 말소리가 크게 울린 것도 체육관에서 소리가 울리는 것과 같은 이치네요. 텅 빈 집에는 벽 말고는 소리를 반사시킬 물건이 별로 없잖아요!"

"맞아, 잘 이해했구나!"

파동이 정해진 방향으로 나아가다가 어떤 것에 부딪혀 되돌아오는 걸 반사라고 해. 소리도 파동이기 때문에 반사되는 성질이 있어.

## 소리를 퍼뜨리고 모으고

"소리가 반사되는 성질을 적절히 이용하면 소리를 퍼뜨리거나 모아서 소리의 세기를 조절할 수도 있단다."

"정말요? 어떻게요?"

"예를 들어 볼게. 음악 연주회에서는 소리가 어떻게 들리는지가 중요하겠지?"

"그럼요! 음악 소리가 공연장 구석구석까지 잘 들려야 하잖아요."

"맞아. 공연장은 수천 명의 사람이 모일 수 있을 만큼 넓어. 만약 공연장 안에 아무런 장치가 없다면 무대와 먼 곳에서는 소리가 작게 들릴 거야. 그래서 공연장은 소리의 반사를 고려해서 만들어. 이 사진을 볼까?"

"벽이랑 천장에 판들이 붙어 있네요?"

▼ 독일 게반트하우스 라이프치히에 있는 콘서트홀이야.

천장에 있는 판도 소리를 반사해.

벽면에 있는 판이 소리를 반사해.

"공연장에는 천장과 벽에 소리를 반사하는 판을 붙여 연주 소리가 잘 반사되게 해. 그러면 공연장 전체에 골고루 연주 소리가 잘 들리지."

"아, 그래서 멀리서도 소리가 잘 들리는 거였군요."

"맞아. 소리의 반사를 이용한 것 중에 너희가 가장 많이 본 건 아마 이 벽일 거야."

용선생이 화면에 사진을 띄웠다. 그러자 장하다가 화면을 가리키며 말했다.

"어? 본 적 있어요. 벽의 끝부분이 도로 쪽으로 휘어서 신기했거든요."

"잘 봤어. 자동차 도로나 공사장처럼 시끄러운 소리가 나는 곳 주변에는 벽을 세워서 소리를 반사시켜. 이 벽을 반사판이라고 하지. 반사판을 세우면 반사판 너머로 소음

▼ 도로에 설치된 반사판

이 덜 들리게 하는 효과가 있어. 끝을 휘게 만들면 효과가 더욱 커져."

나선애가 공책을 뒤적이며 말했다.

"흠, 소음을 줄이는 방법이 지난 시간에 배운 것 말고 또 있었군요."

"오, 맞아. 지난 시간에는 소음을 줄이려면 소리의 세기를 줄이거나, 소리를 잘 전달하지 않는 물질을 이용하면 된다고 했지?"

"네. 진공을 이용하는 것도 방법이라고 했죠."

"그렇지. 선애가 수업을 아주 열심히 들었구나. 소리의 반사를 이용해 소음을 줄일 수 있다는 것도 노트에 꼭 적어 두렴!"

"네!"

그때 가만히 듣고 있던 곽두기가 쭈뼛거리며 일어났다.

"그런데요, 어제 산에 가서 들어 보니까 메아리가 한 번이 아니라 여러 번 들리던데, 그건 왜 그런 거죠?"

핵심정리

소리의 반사를 이용하면 소리를 더 크게 하거나 작게 할 수 있어.

##  반사로 거리를 알아낸다고?

"두기가 잘 들었네. 아마 두기가 올라간 산 주변에 산봉우리가 여러 개 있었을 거야. 두기가 있던 산과 산봉우리까지의 거리가 모두 달라서 소리가 반사되어 돌아오는 데 걸리는 시간도 달라진 거지."

"음, 그럼 처음 들린 메아리는 가까운 산에 부딪혔다 돌아온 거고, 나중에 들린 메아리는 멀리 있는 산에 부딪혔다 돌아온 거네요?"

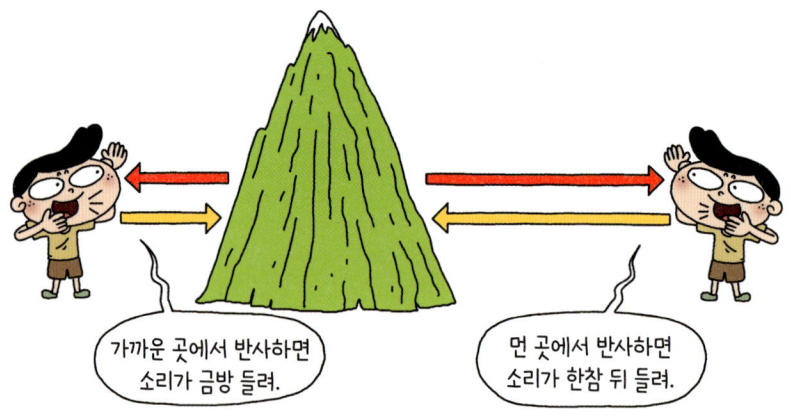

가까운 곳에서 반사하면 소리가 금방 들려.

먼 곳에서 반사하면 소리가 한참 뒤 들려.

"바로 그거야. 그래서 소리가 반사되어 돌아오는 데 걸리는 시간을 재면, 소리가 반사된 곳까지의 거리가 얼마나 되는지 알아낼 수도 있어. 이런 원리를 이용해서 물속 깊은 곳의 모습을 알아내기도 한단다."

"물속의 모습을 소리로 알아낸다고요?"

"그래. 물속에서도 소리가 물체에 부딪혀 반사가 일어나거든. 그림을 함께 볼까?"

용선생은 새로운 그림을 띄웠다.

▲ 반사되는 소리로 바닷속 모습을 알아낼 수 있어.

"바닷속으로 소리를 쏘아 보내면 물체와 부딪힌 소리가 메아리처럼 반사되어 돌아와. 이때 물체가 가까이 있으면 소리도 빨리 반사되고, 멀리 있으면 소리가 천천히 반사되겠지? 이걸 분석해서 물고기 떼를 찾아낼 수도 있고, 바닷속 땅 모양을 알아낼 수도 있어."

"우아! 물속에서 메아리를 이용할 줄은 몰랐어요."

허영심이 감탄하며 말했다.

"하하! 사실 사람 말고 동물들도 소리의 반사를 이용한단다."

"동물들이요?"

"응. 동물 중에는 사람이 낼 수 없는 높은 진동수의 초음파를 내는 동물들이 있어. 대표적인 동물이 박쥐야. 박쥐는 캄캄한 밤에도 초음파가 다른 물체에 부딪혀 돌아오는 것을 듣고 물체의 위치를 알아내. 반사된 소리로 물체가 얼마나 큰지, 얼마나 멀리 떨어져 있는지를 알아내는 거지."

위치 파악

거리 파악

크기 파악

그때 왕수재가 손을 들고 물었다.

"전에 돌고래도 초음파로 말한다고 하셨는데요?"

"맞아. 돌고래는 물속에서 초음파를 내보내지. 초음파로

같은 돌고래끼리 대화도 하고, 반사된 초음파를 듣고 물체의 위치를 파악하기도 해."

"우아! 동물들이 대단하네요. 전 소리의 반사에 대해서 오늘 처음 알았는데, 얘들은 태어날 때부터 이용하고 살았다니……."

"동물한테 질 수야 없지. 선생님, 전 체육관에 가서 소리의 반사에 대해 더 알아볼래요."

"하하, 좋은 생각이야. 오늘 수업은 여기서 끝!"

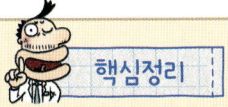 핵심정리

소리가 반사되는 데 걸리는 시간을 이용하면 반사된 곳까지의 거리를 알 수 있어. 박쥐나 돌고래는 반사된 소리를 이용해서 물체의 위치를 파악해.

 나선애의 정리노트

### 1. 파동의 반사
① 파동이 주변으로 퍼져 나가다가 물체에 부딪혀 되돌아오는 것
② 소리도 파동이기 때문에 반사되는 성질이 있음.

### 2. 소리의 반사로 소리의 ⓐ 를 조절하는 예
① 공연장에서는 반사판으로 소리를 멀리까지 잘 들리게 함.
② 자동차 도로나 공사장에 ⓑ 을 세워 소음이 퍼지는 것을 막음.

### 3. 소리의 반사로 거리를 알아내는 예
① 소리가 반사되는 데 걸리는 ⓒ 을 재면 물체가 있는 곳까지의 거리를 알 수 있음.
② 바닷속으로 소리를 쏘아 보내 바닷속 땅 모양을 알아냄.
③ 박쥐와 ⓓ 는 반사된 초음파를 이용하여 주변 물체의 위치, 거리, 크기를 파악함.

ⓐ 세기 ⓑ 방음벽 ⓒ 시간 ⓓ 돌고래

 # 과학퀴즈 달인을 찾아라!

●정답은 123쪽에

## 01

친구들이 이번 시간에 배운 내용에 대해 이야기하고 있어. 옳으면 O, 옳지 않으면 X를 표시해 줘.

① 체육관은 반사되는 소리 때문에 소리가 크게 들려. (    )

② 물건이 많은 방은 소리가 한 방향으로 반사되어 소리가 크게 들려. (    )

③ 처음 들린 메아리는 제일 가까운 곳에서 반사된 거야. (    )

## 02

허영심이 미로 가운데에 있는 조용한 방을 찾아가려고 해. 소리의 반사와 관련된 낱말을 따라가면 미로를 쉽게 통과할 수 있대. 함께 출발해 볼까?

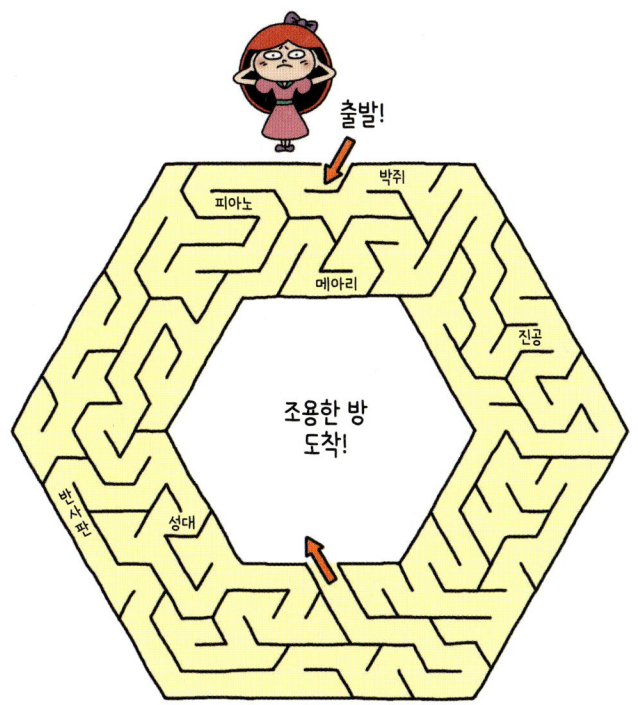

| 용선생의 과학 카페 | 용선생의 한국사 카페 | 용선생의 세계사 카페 |

https://cafe.naver.com/yongyong

## 용선생의 과학 카페

과학계의 핵인싸, 용선생의 과학 카페에 오신 걸 환영합니다.

Log in

 MENU
- 물리면 아프다
- 화학이 화하하
- 생물 오징어
- 지구는 둥글다

### 작은 소리도 크게 들린다고?

영국의 한 벌판에 덩그러니 놓인 이 장치는 무엇일까? 바로 음향 거울이야. 제1차 세계 대전 당시 영국에서 적의 비행기가 날아오고 있는지 알아보기 위해 설치했지. 비행기가 오고 있는지 어떻게 아느냐고? 소리의 반사를 이용하는 거지.

높이가 4.5 m나 돼!

▲ 영국 요크셔 지역에 있는 음향 거울

오목하게 생긴 부분에 소리가 와서 부딪히면, 소리가 반사되어 가운데 쪽에 모여. 그 부분에 마이크를 설치하면 멀리서 들리는 작은 소리도 크게 들을 수 있어. 실제로 40~50 km 밖에서 다가오는 비행기 소리도 들을 수 있었대. 음향 거울은 제2차 세계 대전 즈음에 레이더가 발명되면서 더 이상 사용되지는 않았어.

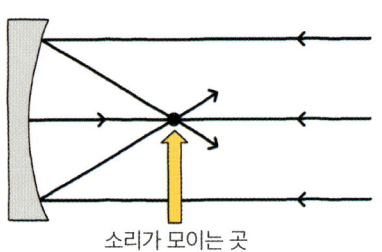
소리가 모이는 곳
▲ 음향 거울의 원리

음향 거울의 원리를 그대로 이용한 것이 파라볼릭 마이크야. 마이크에 오목한 접시를 씌워 놓은 거지. 영화에서 경찰이 멀리 떨어진 범인의 대화를 엿들을 때 사용하는 걸 본 적이 있을지도 모르겠구나.

마이크

▲ 파라볼릭 마이크

+

장하다의 오답을 피하는 방법
나선애의 야무진 실험실
왕수재의 아는 척 과학교실
허영심의 별 헤는 밤
곽두기의 빅뱅 따라잡기

토끼도 음향 거울의 원리로 소리를 잘 들을 수 있어. 토끼의 귀는 오목하고 길쭉한 모양인데, 이러한 귓바퀴가 소리를 반사해 귓속으로 모아 주는 역할을 하는 거지.

사람도 소리가 잘 들리지 않을 때는 귀에 손을 오목한 모양으로 갖다 대지? 오목한 모양이 소리를 반사시켜서 가운데로 모으는 원리를 이용하는 거야.

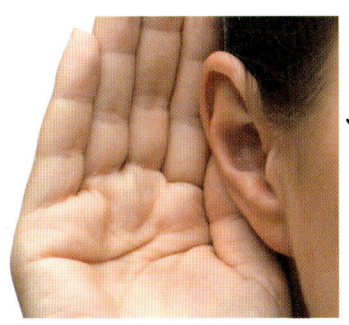

손을 모으면 소리가 더 잘 들려.

### COMMENTS

 내 귀가 토끼 귀를 닮아서 소문을 잘 듣나 봐!
└  나도 그래, 누나!
└  여기저기 참견하고 싶어서는 아니고?

# 가로세로 퀴즈

소리에 관한 가로세로 퀴즈야. 빈칸을 채워 봐.
띄어쓰기는 무시해도 돼.

**가로 열쇠**

① 소리와 관련된 실험을 할 때 사용하는 굽쇠 모양 장치
② 소리도 파동이라서 이렇게 부름.
③ 어떤 공간에 공기뿐만 아니라 아무 물질도 없는 상태
④ 비올라보다 작고, 활로 연주하는 현악기
⑤ 진동수와 같은 말
⑥ 진동수가 20Hz보다 작은, 매우 낮은 소리
⑦ 진동이 주변으로 퍼져 나가는 것
⑧ 관에 공기를 불어서 소리를 내는 악기

**세로 열쇠**

❶ 소리가 반사되어 되돌아와 들리는 소리
❷ 사람의 기분을 나쁘게 만들거나 건강을 해칠 수 있는 시끄러운 소리
❸ 소리의 3요소는 소리의 높낮이, 소리의 세기, ○○
❹ 바이올린보다는 크고, 첼로보다는 작은 현악기
❺ 매질이 1초 동안 진동한 횟수
❻ 진동수가 20,000Hz보다 큰, 매우 높은 소리
❼ 우리가 듣는 대부분의 소리를 전달하는 매질

●정답은 123쪽에

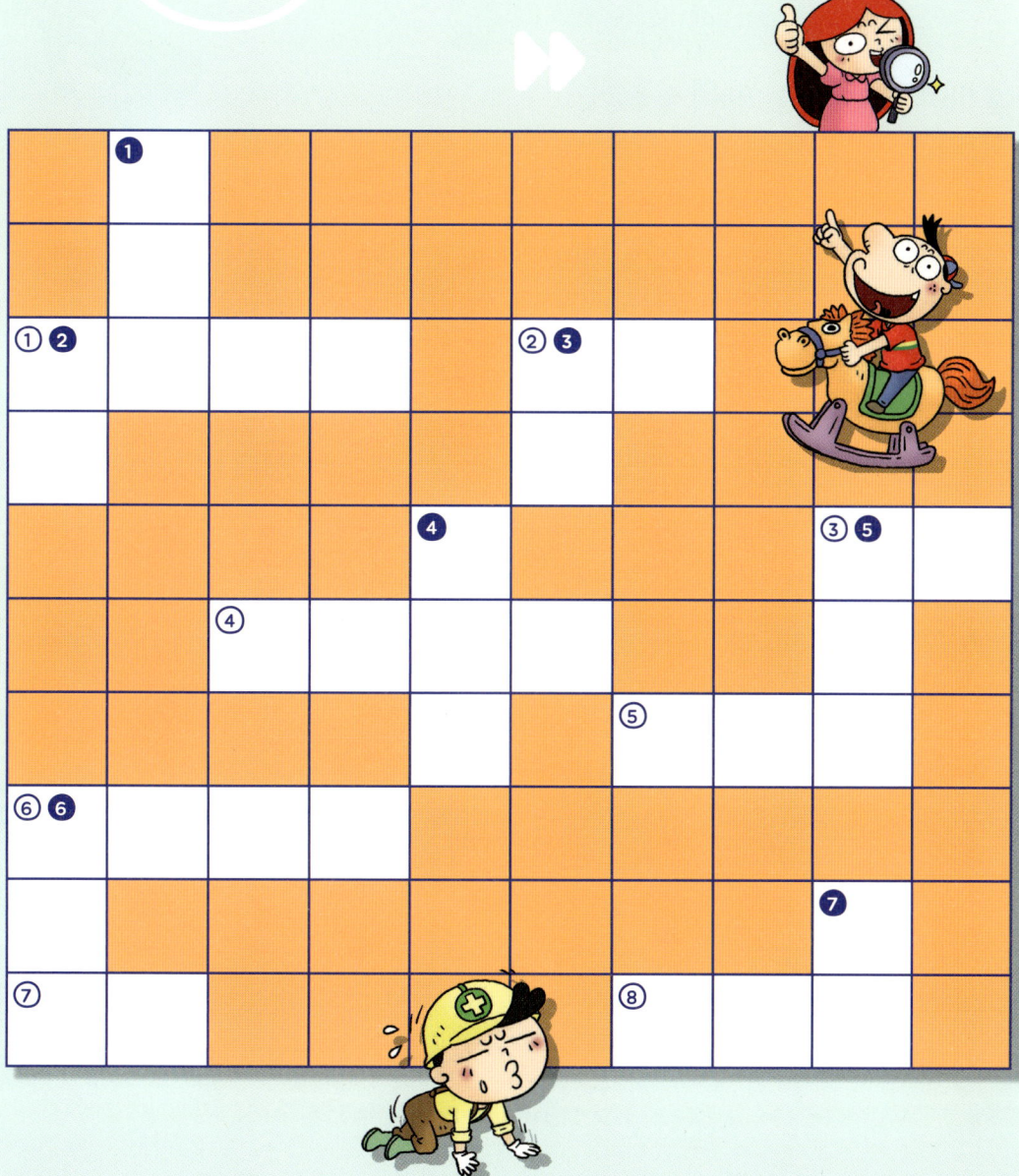

# 교과서 속으로

교과서에서는 어떻게 배울까?

---

**초등 3학년 2학기 과학** | 소리의 성질

## 물체에서 소리가 날 때의 공통점은?

- **소리가 나는 물체에는 떨림이 있음**
  - 소리를 내면서 목에 손을 대면 떨림이 느껴진다.
  - 소리가 나는 스피커에 손을 대면 떨림이 느껴진다.
  - 소리가 나는 소리굽쇠를 물에 대면 물이 떨리고 튀어 오른다.
    ↳ 종을 칠 때 소리가 나는 까닭은 종이 떨리기 때문이다.

 떨림을 진동이라고 부른다고!

---

**초등 3학년 2학기 과학** | 소리의 성질

## 소리는 어떻게 전달될까?

- **소리의 전달**
  - 소리는 공기, 물, 철과 같이 여러 가지 물질을 통해 전달된다.
  - 우리가 듣는 대부분의 소리는 기체인 공기를 통해 전달된다.
- **소리의 반사**
  - 소리가 나아가다가 물체에 부딪쳐 되돌아오는 성질
  - 소리는 부드러운 물체보다는 딱딱한 물체에서 잘 반사된다.

 소리의 반사를 이용하면 물체까지의 거리도 알 수 있지.

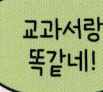

> 교과서랑 똑같네!

**초등 3학년 2학기 과학 | 소리의 성질**

## 소음을 줄이는 방법은?

- **소음**
  - 기분이 나빠지거나 건강을 해칠 수 있는 시끄러운 소리
- **소음을 줄이는 방법**
  - 소리의 세기를 줄인다.
  - 소리가 잘 전달되지 않는 물질을 이용한다.
  - 소리의 반사를 이용한다.

 이걸 잘 이용하면 층간 소음도 줄일 수 있겠는데?

**중 1학년 과학 | 빛과 파동**

## 소리의 특징

- **소리의 세기**
  - 소리가 크고 작은 정도이다. 진폭이 클수록 큰 소리이다.
- **소리의 높낮이**
  - 소리가 높고 낮은 정도이다. 진동수가 클수록 높은 소리이다
- **음색**
  - 진동수와 진폭이 같아도 소리의 파형이 달라서 서로 구분되는 특징이다.

 벌써 배운 내용이잖아! 중학교 과학도 거뜬하다고!

# 찾아보기

고막 53-54
고유 진동수 46-47
골 21-22, 55-56, 64
공기 14, 24-26, 28, 33, 35, 53-54, 71-72, 89, 91-95, 98
공명 47
관악기 71-73, 80
귀뚜라미 29
더블베이스 77-79, 81
도플러 효과 85
돌고래 42, 91, 112-114
마루 20-22, 55-56, 64, 84
매미 28-29
매질 21-26, 36-37, 44, 89, 91-94, 96, 98
메아리 102-103, 109-112
물결파 23, 84-85
바순 80-81
바이올린 61-62, 73-79, 81
박쥐 42, 112-114
반사 103-114, 116-117
반사판 108-109, 114
발음판 28
북면 51-54
비올라 76-79, 81
성대 14-15, 17, 24-26, 39-40, 62
소리굽쇠 16-17, 24-25, 33-34, 37-38, 55
소리의 높낮이 39, 44, 62, 72-73, 78, 81-82

소리의 맵시 62
소리의 세기 53, 56-59, 62, 64, 97, 107, 109
소리의 3요소 62
소음 54, 90, 96-97, 108-109, 114
소음계 57, 60, 93
실로폰 51, 71-73
실 전화기 89
용수철 19-22, 34-35
음색 62-64
음역 78-79, 81-82
음파 24, 26, 34, 42, 56, 61
주파수 36-37
지진파 23
진공 94-96, 98, 109
진동 18-20, 22-26, 28-29, 35-38, 40, 44, 46-47, 53-54, 70-71, 73-75, 82, 89, 92, 95-96, 98
진동 중심 21, 55, 64
진동수 36-44, 46-47, 51, 55, 60-63, 70-71, 73, 75-76, 78-79, 84-85, 112
진폭 56, 57, 60-61, 63-64
첼로 77-79, 81
초음파 42-44, 91, 112-114
초저주파 43-44
타악기 71, 73
파도 15, 20, 23
파동 20-26, 34-35, 54-56, 62, 84, 103, 106, 114

파장 21
파형 34, 36, 55, 61-64
팬 플루트 71-73
플루트 80
피콜로 80
하프 69-70, 73
현 69-71, 73-76, 82
현악기 69, 77-79, 82
dB(데시벨) 58-59, 64
Hz(헤르츠) 36-37, 44

# 퀴즈 정답

## 1교시

**01**   ①O   ②X   ③O

**02**   ①진동
②파동
③매질

## 2교시

**01**   ①X   ②X   ③O

**02**

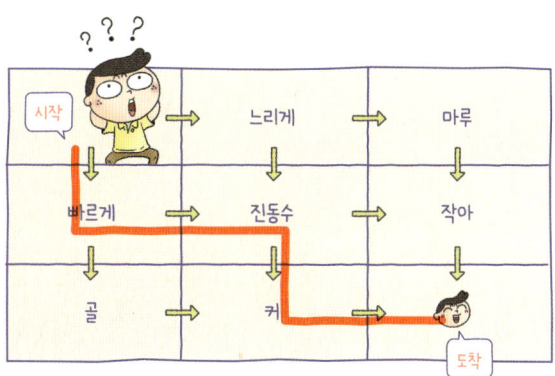

## 3교시

**01** ① ✗  ② ○  ③ ✗

**02**

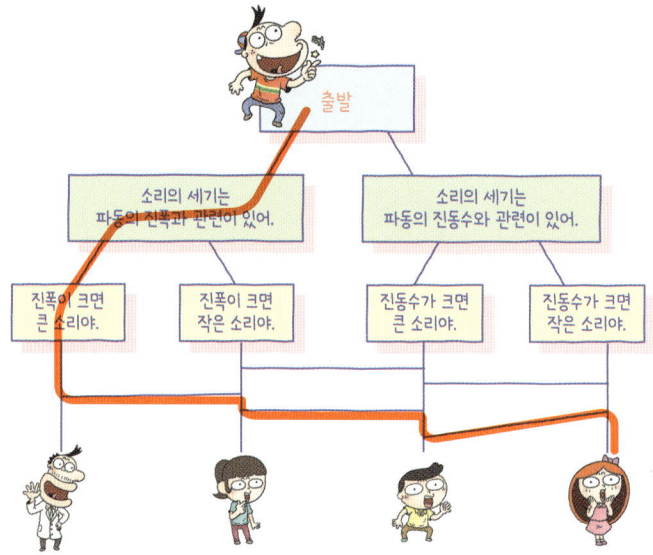

## 4교시

**01** ① ○  ② ○  ③ ✗

**02**

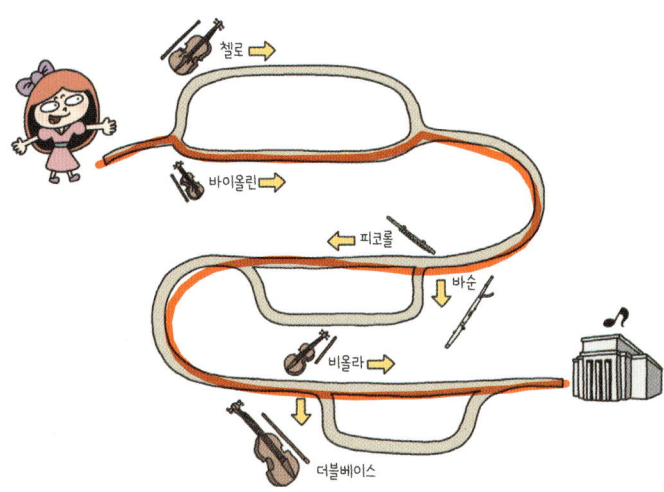

**5교시**

**01** ① ✕  ② ○  ③ ○

**02**

👍 알았다! 암호는 공 동 체 야!

**6교시**

**01** ① ○  ② ✕  ③ ○

**02**

# 가로세로 퀴즈

|   | ❶메 |   |   |   |   |   |   |   |
|---|---|---|---|---|---|---|---|---|
|   | 아 |   |   |   |   |   |   |   |
| ①❷소 | 리 | 굽 | 쇠 |   | ②❸음 | 파 |   |   |
| 음 |   |   |   |   | 색 |   |   |   |
|   |   |   |   | ❹비 |   |   | ③❺진 | 공 |
|   |   | ④바 | 이 | 올 | 린 |   | 동 |   |
|   |   |   |   | 라 |   | ⑤주 | 파 | 수 |
| ⑥❻초 | 저 | 주 | 파 |   |   |   |   |   |
| 음 |   |   |   |   |   | ❼공 |   |   |
| ⑦파 | 동 |   |   |   | ⑧관 | 악 | 기 |   |

## 일러두기
- 맞춤법과 띄어쓰기는 국립국어원에서 펴낸 《표준국어대사전》을 따랐습니다.
- 과학 용어 표기는 《2015 개정 교육과정에 따른 교과용도서 개발을 위한 편수자료Ⅲ 기초과학, 정보 편》을 따랐습니다.
- 이 책에 실린 사진은 저작권자로부터 사용 허가를 받았습니다. 저작권자와 접촉하기 위해 최선을 다했으나 불가피한 사정으로 사용 허가를 받지 못한 일부 사진에 대해서는 저작권자와 연락이 닿는 대로 게재 허락을 받고 사용료를 지불하겠습니다.
- 이 책에 실린 그림의 저작권은 별도의 표기가 없는 한 사회평론에 있습니다.

## 사진 제공
10-11쪽: robertharding(Alamy Stock Photo) | 20쪽: 북앤포토 | 29쪽: 북앤포토 | 33쪽: 북앤포토 | 47쪽: Lderendi(퍼블릭도메인) | 53쪽: PROFESSOR TONY WRIGHT(INSTITUTE OF LARYNGOLOGY & OTOLOGY / SCIENCE PHOTO LIBRARY) | 69쪽: Yuri Kevhiev(Alamy Stock Photo) | 76쪽: Frinck51(wikimedia commons_CC 3.0) | 77쪽: Pedro Sánchez(wikimedia commons_CC 3.0) | 90쪽: Andrey Nekrasov(Alamy Stock Photo) | 93-94쪽: 북앤포토 | 107쪽: Gewandhaus(Jens Gerber) | 116쪽: Paul Glazzard(wikimedia commons_CC 2.0) | 117쪽: Gettyimagesbank | 그 외: 셔터스톡

## 용선생의 시끌벅적 과학교실 | 소리

| | |
|---|---|
| 1판 1쇄 발행 | 2019년 12월 20일 |
| 1판 8쇄 발행 | 2025년 3월 3일 |
| | |
| 글 | 김지현, 이명화, 김형진, 설정민, 이현진 |
| 그림 | 김인하, 뭉선생, 윤효식 |
| 감수 | 강남화 |
| 캐릭터 | 이우일 |
| | |
| 어린이사업본부 | 이승필 |
| 책임편집 | 이건혁 |
| 편집 | 정세민, 이명화, 홍지예, 김미화, 최예리, 윤성진, 박하림, 김예린 |
| 마케팅 | 윤영채, 정하연, 안은지, 박찬수, 강수림 |
| 경영지원본부 | 나연희, 주광근, 오민정, 정민희, 김수아, 김승현 |
| 아트디렉터 | 강찬규 |
| 디자인 | 가필드 |
| 사진 | 북앤포토 |
| | |
| 펴낸이 | 윤철호 |
| 펴낸곳 | (주)사회평론 |
| 전화 | 02-326-1182 |
| 팩스 | 02-326-1626 |
| 주소 | 03993 서울시 마포구 월드컵북로6길 56 사평빌딩 |
| 출판등록 | 1993년 10월 6일 제 10-876호 |

© 사회평론, 2019

ISBN 979-11-6273-071-3 73400

- 이 책 내용의 일부나 전부를 다시 사용하려면 저작권자와 사회평론의 동의를 받아야 합니다.
- 잘못 만들어진 책은 바꾸어 드립니다.

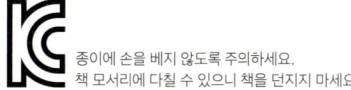
종이에 손을 베지 않도록 주의하세요.
책 모서리에 다칠 수 있으니 책을 던지지 마세요.